AUSTRIA CZECH
HUNGARY HOW
速度 **游**

大赏奥捷匈！ 好玩奥捷匈！

奥捷匈攻略

地利　克　牙利

《全球攻略》编写组 编著

中国旅游出版社

CONTENTS 目录

P118 捷克・布拉格其他

P132 捷克・捷克布杰约维采

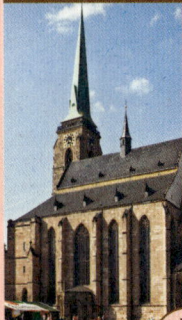

奥捷匈
推荐

奥地利捷克匈牙利

1 奥地利捷克匈牙利印象

♥概况

位于欧洲中部的奥地利、捷克、匈牙利三国是欧洲地理的缩影，奔腾不息的多瑙河在景色秀美的山林中穿行，高大的雪峰剑指蓝天。这三个国家的历史悠久，能够让人了解到哈布斯堡王朝的华丽与沧桑，也能让人感受到布拉格的华丽风情，而布达佩斯的优美风光更是让人难以忘怀。

♥地理

奥地利、捷克、匈牙利是欧洲中部的内陆国，境内山峰丘陵众多，既有广袤的平原，也有景色优美的草原，其面积分别为83871平方千米、78866平方千米和93030平方千米。

♥气候

奥地利、捷克、匈牙利都属于海洋性向大陆性过渡的温带大陆性气候，平均气温1月为－2℃、7月为19℃~22℃。

♥区划

奥地利全国分为布尔根兰、上奥地利、下奥地利、萨尔茨堡、施泰尔马克、蒂罗尔、福拉尔贝格、克恩滕、维也纳9个州。

捷克除首都布拉格外还有中捷克、南捷克、比尔森、卡罗维发利、乌斯季、利贝雷茨、克拉洛维赫拉德茨、帕尔杜比采、高原、南摩拉维亚、奥洛莫乌茨、兹林、摩拉维亚－西里西亚13个州。

匈牙利全国分为巴奇－基什孔、巴兰尼亚、贝凯什、包尔绍德－奥包乌伊－曾普伦、琼格拉德、费耶尔、杰尔－莫松－肖普朗、豪伊杜－比豪尔、赫维什、亚斯－瑙吉孔－索尔诺克、科马罗姆－埃斯泰尔戈姆、诺格拉德、佩斯、绍莫吉、索博尔奇－索特马尔－拜赖格、托尔瑙、沃什、维斯普雷姆 、佐洛19个州。

♥人口

奥地利人口836万，国花是白雪花。捷克人口1049万，国花是玫瑰、香石竹。匈牙利人口1002万，国花是郁金香。

2 奥地利捷克匈牙利交通

♥航空

前往奥地利

奥地利航空客运发达，国内主要有维也纳、格拉茨、林茨、萨尔茨堡、因斯布鲁克和克拉根福机场，中国游客可从北京、上海乘直飞维也纳的航班，其中北京每天都有直飞航班，非常方便。

前往捷克

捷克在首都布拉格和摩拉维亚地区的布尔诺市分别建有一座机场，其中地处布拉格的首都机场是捷克的国际机场，中国游客可乘新加坡航空、泰国航空、德国汉莎航空、荷兰航空公司的航班前往。

前往匈牙利

匈牙利全国共有塞格德、德布勒森、米什科尔茨、杰尔、松博特海伊和布达佩斯六个城市建有机场，中国游客可从北京首都国际机场乘海南航空公司的航班直飞匈牙利首都布达佩斯。

奥地利捷克匈牙利!

♡ 火车

奥地利

奥地利国内铁路客运发达，其中奥地利首都维也纳是该国铁路客运的枢纽，游客从维也纳乘火车前往萨尔茨堡、因斯布鲁克、格拉茨等大城市平均半小时到两小时就有一班列车发车。奥地利列车乘坐舒适，车内分为头等车厢和二等车厢，白天的火车硬座是包厢式的，一排三个软席，一般都带有餐车。夜间火车设有普通卧铺和软卧。

捷克

捷克国内铁路四通八达，列车种类分为特快Inter City（IC）、快车Express（EX）、Super City（SC）等不同种类，游人在首都布拉格可以乘火车前往捷克国内各主要城市。需要注意的是，在捷克购买火车票，如果列车时刻表上有"S"标志，表示可订位。订位后并没有指定座位号，车票的有效期通常为1个月，特快票只限当日使用。

匈牙利

铁路是匈牙利连接境内各区的主要客运交通工具，匈牙利国内列车一等车厢为双人包厢；二等车厢为四人软卧；三等车厢是硬座，短途列车则没有卧铺，只有软、硬座。此外，匈牙利列车还分吸烟与非吸烟车厢，乘坐列车时需要注意。在匈牙利乘列车，除了可以从布达佩斯前往国内各大城市，也可前往欧洲大部分国家，甚至可以从北京乘联运列车直达布达佩斯，非常方便。

3 奥地利捷克匈牙利名片

音乐之都维也纳 ♡

提到维也纳，想必很多人都会想到那一首首流传百世的名曲、一位位名震世界的音乐家，确实，来到维也纳，就仿佛进入了一座音乐之城，这里到处都能看到和音乐有关的东西，人们在漫步时，也随时可以听到那优雅的华尔兹圆舞曲。

哈布斯堡家族

哈布斯堡家族是欧洲最著名的帝王世家，在他们最盛时，这个家族的成员占据着神圣罗马帝国、西班牙、波希米亚、匈牙利、葡萄牙等的君主职位，可以说半个欧洲都在他们的掌控之中。这个家族同时也以人口众多而著称，他们开枝散叶，将每一个枝丫伸入了欧洲各地，如今在欧洲很多国家都能看到和这个家族有关的遗迹。

多瑙河

《蓝色多瑙河》的名字可谓家喻户晓，这首名曲将美丽的多瑙河风光悠扬婉转地展现了出来。作为欧洲第二长的河流，它流经欧洲多个国家，无论是在交通、经济、工业等方面都发挥着极为重要的作用。多瑙河两岸，也有着无限风光，包括维也纳、布达佩斯等大城市都在这里，它们就好像一颗颗明珠一般，被多瑙河连接成一条美丽的项链。

温泉

匈牙利、捷克都是温泉十分丰富的国家，不过在这里的温泉，人们并不像中国或是日本那样以沐浴为主，而是直接饮用。尤其以捷克的卡罗维发利和玛丽亚温泉市这两座城市最为著名，在这里能看到很多中世纪时期建造的温泉回廊，回廊的建筑都极为精美，清澈的温泉在回廊间流过，人们可以一边散步一边将这里的温泉喝下肚。

美食

在捷克、匈牙利，"大块吃肉，大碗喝酒"是这里的人最常见的生活方式。这里的人都喜欢以猪肉为主的饮食，各种肉排、火腿在这里随处可见。而匈牙利也因为游牧民族的血统而具有独特的风味。此外啤酒也是这些国家最喜欢的，捷克的比尔森就是欧洲最著名的啤酒城之一，这里拥有独具风味的比尔森啤酒，在欧洲也十分著名。

街头咖啡馆

体验波希米亚风情最重要的一点就是去街头咖啡馆，在这里能体验到最本质的生活。在捷克、匈牙利、奥地利都有很多大型广场，在这些大型广场的周边通常会聚集很多风格各异的街头咖啡馆。好多当地居民会在下班后来这里喝上一杯咖啡，一边回味着香浓的咖啡，一边看着街头的美丽风光，好不惬意。

世界遗产

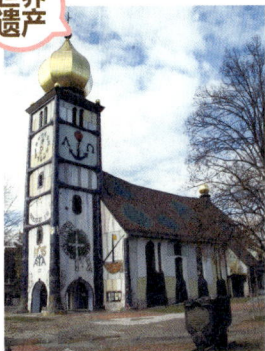

匈牙利、奥地利、捷克三个国家都是著名的历史和文化古国，因此在这里也能看到很多世界遗产，首当其冲的当数布达佩斯的安德拉什大街，这里是匈牙利标志性的林荫大道，大道两边的房屋也极为美丽，艺术感十足。而捷克的圣巴巴拉教堂和斗篷桥也都因为其深厚的历史和艺术性入选了世界遗产。

建筑艺术

在波希米亚地区，由于经常被各方势力争来夺去，经常是一朝天子一朝臣。所以在这里能看到各种风格的建筑，无论是哥特式、巴洛克式、罗马式、文艺复兴式还是阿拉伯风格、土耳其风格等各种风格会聚一处，它们相互交融，和谐共生，形成了极具个性的波希米亚建筑风格。这些传统建筑都被很好地保护着，在这一点上也很值得学习。

文化艺术

奥地利、捷克、匈牙利是知名的文化大国，除了音乐外，在文学、科学、哲学等各方面都涌现出了不少作出了突出贡献的人才。尤其是哲学界大师弗洛伊德、表现主义大师卡夫卡、遗传学先驱孟德尔、开创量子力学新学说的薛定谔等人都在各自的学科中享有盛名。在这些国家里追寻大师的印记，也许会获得新的发现。

自然风光

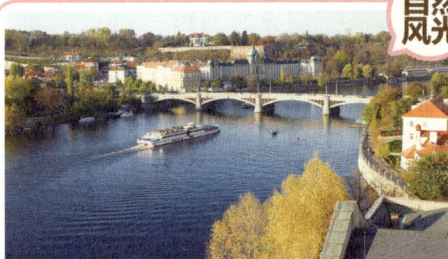

波希米亚地区的自然风光大多依水而成，多瑙河、伏尔塔瓦河等大河流经各地，给这里带来了最美丽的河岸风光。尤其是那些分布在河两岸的宁静小镇，在这里没有大城市的喧嚣繁华，有的只是山水相依的自然风景与和谐安详的田园风光。在这里每个人都能体会到身处大自然中的自由感觉，是放松身心，和大自然亲密接触的不二选择。

B

AUSTRIA CZECH HUNGARY HOW
速度去 奥地利捷克匈牙利!

1 如何办理赴奥、捷、匈三国旅游观光手续及注意事项

　　根据在卢森堡签署的申根协议，持有奥地利、捷克、匈牙利中任何一个申根成员国签发的签证，在所有其他成员国也被视作有效，而无须另外申请签证。中国公民如果前往奥地利、捷克、匈牙利三国观光旅游，需要将其中任意一国设为在欧行程中第一个入境国家或逗留时间最长的国家，并前往该国驻华使馆、领事馆申请签证。在无法确定主要停留国家的情况下，可以申请首先入境国家的签证。具体办理手续如下：

旅游签证 仔细阅读

赴奥地利、捷克、匈牙利旅游	
申请资格	目前全国所有地区的公民都可以申请赴奥地利、捷克、匈牙利旅游。
所需材料	1. 在签证过期后至少还有6个月有效期、至少有1页空白页的护照； 2. 个人资料表如果有拒签，请写明拒签的时间和国家，特别是曾经被申根国拒签过一定要注明； 3. 签证申请表； 4. 2寸免冠正面彩照2张，白色背景； 5. 户口本：全家户口本（原件和复印件）； 6. 身份证，以及身份证复印件； 7. 资产证明：金额在3万元人民币以上或等值外币的个人银行存款证明及房产证复印件证明、汽车行驶证等，如夫妻一同申请，则存款证明需要在6万元以上，如财产证明为配偶名字，则需提供结婚证明； 8. 由工作单位出具的包括申请者姓名、职务、工资，在国外旅游时间的证明。并注明工作单位名称、地址、负责人电话，加盖公章和出具证明负责人姓名、职务及签字，英文翻译件； 9. 单位空白盖章抬头纸4张，要求抬头纸上必须盖有公司的红章，印有抬头（公司名称），公司地址、电话及传真，并且有领导人签名及领导人的职务(领导人不能是申请人)； 10. 真实、清楚的公司营业执照副本复印件（需有当年年检章）。事业单位、政府机构请提供机构代码证复印件。 11. 退休人员：提供退休证复印件，无须再提供公司空白信函纸和公司营业执照复印件。 12. 往返机票订票单：只要可以购买国际机票的售票处或者机票代理，都可以出具。 13. 签证保险一份：保险金额为3万欧元或30万元人民币以上，需覆盖旅行全程的。可找保险公司或者网上购买。 注：根据申请国家不同，所需材料会略有不同，请以该国大使馆要求的材料为准。
停留时间	根据申请时的日程安排而定，最长不超过90天。
所需费用	60欧元，约合人民币620元。

注意事项	1.申请签证时一定要与真实情况相符，否则若是在申请过程中被发现，可能会被永久拒签。 2.申请签证准备材料时，最好认真、严格、细致地准备，这样通过的成功率更高。 3.申根签证有几次进出申根国家的限制，请事先了解清楚，以免到时无法入境。 4.有的大使馆会通知面试，面试的时候可以使用该国语言，如果外语不好的话可以用汉语回答，不会因此影响签证的成功率。 5.办理赴捷克签证申请需要提供其他文件材料，其中除户籍证明、护照和照片外，其余证明材料有效期需要为180天。 6.申请奥地利申根签证需注意该国签证所给时间比较精确，在当地不可以延长签证。

*上述介绍仅供参考，具体申请手续以当地有关部门公布的规定为准。

2 在奥、捷、匈需要注意的旅行生活常识

奥地利、捷克、匈牙利三国春季气候凉爽，适合户外旅行。人民币在这三国不属于流通货币，中国游客需要将人民币在酒店、旅行社、机场和银行等处兑换成欧元或当地货币。中国游客在奥、捷、匈三国旅游观光中如果不会使用该国语言，可以在景点或各城市的游客服务中心用英语咨询信息。奥地利和捷克有付小费的传统，在奥地利的餐厅和咖啡馆用餐需要多付10%餐费作为小费，在捷克一般小费为20～50捷克克朗，在匈牙利一般并不硬性规定必须付小费，但布达佩斯一些高级餐馆会要求客人付15%小费，要特别注意。此外，在奥地利标有免税标志的商店购买超过75欧元的商品可以在离境时根据店员提供的退税单申请退税，欧盟附加值税为15%，退税过程大约要扣除2%手续费，游人可持海关盖章的退税单在机场银行兑换现金。捷克和匈牙利贴有免税标签的商店根据游人当日在同一家店的购物金额决定是否退税，其中捷克规定购物2000捷克克朗可申请退税，匈牙利为45000福林以上可退税10%～15%。

☎ 常用电话 ··········

♥**奥地利**
区号： 0043
警察： 133
救护车： 144
消防队： 122
救护电话： 141
奥地利航空： 05-17661000
Lauda Air： 0820-320321
TUIfly： 0820-820033

♥**捷克**
区号： 00420
CKM旅游中心： 222-721595
布拉格卢兹内国际机场： 220-111111
机场穿梭巴士： 220-114286
捷克国铁： 412-503113
布拉格游客服务中心： 236-002562

♥**匈牙利**
区号： 00336
救护车： 104
报警： 107
火警： 105
电话号码查询： 198
国际电话号码查询： 199

AUSTRIA CZECH HUNGARY HOW

速度玩

奥地利捷克匈牙利

10大 人气好玩 旅游热地

1 维也纳霍夫堡宫

霍夫堡宫是神圣罗马帝国的皇宫，它也是中欧最宏伟的宫廷建筑群，在长达6个多世纪的时间里，一直是欧洲重大历史事件的交会点。这里既有雄伟的殿堂，又有宽阔的广场和华美的花园。

2 维也纳博物馆区

维也纳博物馆区是奥地利著名的景区之一，不仅因为这里会聚着众多广受欢迎的博物馆，更因为这里洋溢着浓郁的文化风情，那一座座造型精美的建筑物，会给游客们留下深刻的印象。

4 美泉宫

美泉宫是哈布斯堡王室的王宫之一，它是以拥有众多的华美殿堂而知名的。这座宫殿既有文艺复兴式的典雅风情，又有巴洛克式的华美装饰，与法国的凡尔赛宫齐名，是中欧宫廷建筑的典范。

3 音乐之友协会大楼

音乐之友协会大楼是全球顶级的音乐殿堂，著名的金色大厅就位于这里，它是音乐家梦寐以求的表演场所，每年的维也纳新年音乐会就在这里举行，为全世界的观众演奏了一首首令人如痴如醉的曲目。

5 萨尔茨堡城堡

萨尔茨堡城堡是一座拥有近千年历史的古老城堡，它位于山坡之上，既有高大坚固的城墙，又有雄伟壮观的塔楼堡垒，来到这里的游客们还能俯瞰萨尔茨堡的城市风光，将众多美景尽收眼底。

6 因斯布鲁克霍夫堡皇宫

霍夫堡是哈布斯堡家族最早的宫殿之一，它的造型典雅大方，是奥地利中世纪建筑的代表作之一。这座皇宫拥有多间美轮美奂的殿堂，那里悬挂着精美的油画，摆放着华美的装饰物。

7 施华洛世奇水晶世界

施华洛世奇水晶世界是一个充满魔幻色彩的世界，这里遍布着晶莹剔透的水晶，有着绚丽夺目的光辉，来到这里的游人们还能见到世界上最大和最小的水晶石，并在奇异的水晶森林中穿行。

8 布拉格城堡

布拉格城堡是著名的宫殿建筑群，从9世纪开始，这里就是捷克的政治中心。城堡内既有华美的巴洛克式殿堂，又有典雅的文艺复兴式楼房，拥有旧皇宫、圣维特大教堂等景点。

9 人骨教堂

人骨教堂是用人类遗骨作为装饰的教堂，这里的墙壁上、坐椅上和拱顶、十字架、祭坛等处都能看到用人类的头盖骨、肋骨拼接而成的基督教圣物，它们还被雕刻出各种图案。

10 布达皇宫

布达皇宫是统治匈牙利诸王朝的皇宫，它始建于13世纪，虽然屡遭战火的破坏，但每次都能涅槃重生，并恢复原有的华美景貌，这里还是俯瞰布达佩斯城市风光的最佳地点。

② **10大**
无料主题
迷人之选

1 维也纳百水公寓

百水公寓是一座洋溢着魔幻色彩的公寓，它宛如一幅华美的画卷，展现在游人的面前。这座公寓充满后现代主义色彩，墙面上描绘着精美的壁画，又用各种材料制作出奇形怪状的阳台和窗扇。

2 多瑙河

多瑙河是欧洲的第二长河，它有着秀美绝伦的风光，沿岸既有挺拔的高山，又有深邃的峡谷，一望无际的森林和广袤的原野让人心旷神怡，奔腾不息的河流中，往返着古老的游船。

3 新锡德尔湖

新锡德尔湖是奥地利最好的湖泊景区，这里水草丰茂，鸟群遮天蔽日，拥有壮观的气势。漫步在湖畔能够欣赏到优美的自然风光，还能自由地驰骋，将身心融入广袤的天地之中。

4 因斯布鲁克圣雅各圆顶大教堂

圣雅各大教堂是一座华美的巴洛克式建筑，它的左右两侧各有一座华丽的钟塔，教堂的顶部则竖立着金光璀璨的雕像。走入大厅之中会看到各种华美的装饰，天顶壁画给人以神圣的感觉。

5 格拉茨旧城区

格拉茨旧城区洋溢着古朴典雅的风情,那里不仅拥有众多造型华美的建筑,还充满着浓郁的文化氛围,它是欧洲近代文化运动的先驱之一,能让来到这里的游客感受到该城的不凡之处。

6 穆尔河之岛

穆尔河之岛是欧洲最著名的人工岛之一,它会随着河流的水位而变化自己的高度,它的外形有着后现代主义的特色,银白色的金属柱布满小岛的每个角落,它们既是装饰品,又是小岛的支撑。

7 布拉格旧城广场

旧城广场是布拉格的象征,这里会聚了众多古建筑,它们与四周色彩鲜艳的楼房相互呼应,让人赞叹不已。这座广场的中央摊铺云集,游人在那里可以购买富有特色的手工艺品。

8 查理大桥

查理大桥是一座横跨多瑙河的大桥,它气势雄伟,是布拉格的标志性景观之一。这座大桥520米的长度让它一度成为中欧第一长桥。大桥还有高大的桥塔和精美的雕塑。

9 奥洛莫乌茨天文钟

天文钟位于高达14米的凹壁内,它有着华美的艺术风格,每到中午12点,会进行整点报时;当音乐响起时,会有四组人偶出现在游人面前,并演出精彩的舞蹈。

10 神圣三位一体柱

神圣三位一体柱是一座华丽的巴洛克式建筑,它的造型精美,外侧分布着18座栩栩如生的雕像,他们全部是奥洛莫乌茨历史上的知名人物,其内侧还有一座小型教堂。

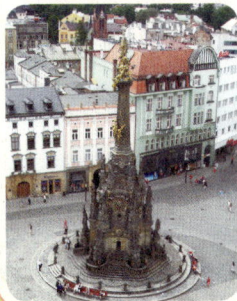

AUSTRIA CZECH HUNGARY HOW

速度 **吃**

奥地利捷克匈牙利!

③ 10大 人气魅力 平民餐馆

1 萨赫咖啡馆

萨赫咖啡馆是维也纳最著名的咖啡馆之一，这里的萨赫巧克力蛋糕在维也纳几乎无人不知，如果搭配上一杯香浓醇厚的米朗其咖啡更是让人回味无穷。同时咖啡馆内的装饰也都是散发着传统气息，让人印象深刻。

2 黑山咖啡

黑山咖啡是维也纳另一座相当有名的咖啡馆，这里的咖啡价格便宜，味道香浓，提供的蛋糕等也是香甜可口，因此深受平民的喜爱。咖啡馆内到处都挂着漂亮的绘画，这让店里也充满了艺术气息。

3 哈维卡咖啡馆

哈维卡咖啡馆是维也纳著名咖啡馆中最年轻的一家，二战之后成为当地的作家和评论家经常聚会的地点。这里有一种特色甜点叫做布赫腾，是这家咖啡馆独有的，绝对不容错过。

4 Blaue Gans

Blaue Gans是萨尔茨堡最著名的餐厅之一，这里的红色卷心菜沙拉、大香肠、维也纳式炸鸡、野味炖菜和奥地利美酒甜点都很有名。每个来到这里的人都会点这些奥地利传统美食，并对它们的味道赞不绝口。

5 Stiftskeller St.Peter

Stiftskeller St.Peter是萨尔茨堡最不容错过的餐厅之一，作为曾经的教会的一部分距今已经有1200多年历史了。这里推出过著名的莫扎特晚餐，每一道菜名都是莫扎特所创作的乐曲的名字，色香味俱佳，让人难忘。

6 冰岩峰餐厅

冰岩峰餐厅位于海拔2900米的冰岩峰上，在餐厅里有大片大片的落地玻璃窗，还设有特别的观景平台。食客们可以一边品尝着这里美味的食物，一边还能看到外面那冰天雪地的美丽风光。

7 U Salzmannu

U Salzmannu是比尔森啤酒在旧城区的直销餐厅，来到这里一定会被这里长长的队伍吓一跳。这家有近400年历史的餐厅到处都洋溢着传统的波希米亚风情。同时因为价格便宜，深受普通民众的喜爱。

8 U Fleku

说到捷克的啤酒馆，很多人都会推荐这家U Fleku，它虽然并非是身处闹市，本身也谈不上有多豪华，但是里面服务却是一流的。这里坚持以祖传的方法酿造著名的U Fleku13度啤酒，除了啤酒之外，这里的美食和传统表演也都不容错过。

9 三只鸵鸟

三只鸵鸟是布拉格最昂贵的餐馆之一，在餐馆墙上有三只鸵鸟的壁画，绘于1606年。据说最初这里的主人是一位经营鸵鸟毛生意的商人，因此这也成为他的标志。这座餐馆还作为咖啡馆和旅馆，能提供各种服务。

10 King Solomon

King Solomon位于犹太博物馆旁，是当地非常知名的犹太餐厅，这座建筑有500年的历史。一进去每个人都会对这里如教堂般典雅幽静的环境印象深刻，几张餐桌后面是漂亮的花园，人们可以一边喝咖啡一边欣赏这美丽的景色。

速度买

奥地利捷克匈牙利

1 格拉本大街

格拉本大街是维也纳最著名的繁华街，在这条大街两旁都是高级的精品店、名家设计的建筑、宏伟壮丽的纪念柱、各色各样的露天咖啡屋。每到逢年过节，这里还会举行各种盛大的活动，十分热闹。

2 克尔特纳大街

克尔特纳大街是能和格拉本大街相提并论的繁华购物街，在这里有精品店、餐厅、纪念品店，以及露天咖啡座，每天游客川流不息，想要买点纪念品的人，在这条街上绝对不会空手而返。

3 维也纳中央市场

维也纳中央市场是维也纳居民们平时最常去的购物地点，这里到处都能看到出售日常食材、用品、工艺品、纪念品的商铺，而且商家们也都和蔼可亲，在人和人的交流之间让人感受到这里的温暖。

4 格特莱第街

格特莱第街最迷人的地方当数那一块块的铸铁招牌，这些招牌大多都有悠久的历史，而且每一块都创意十足，是商家用来招徕客人的。狭长的道路两旁全是精品店、餐馆和咖啡屋，可千万不要因为贪图购物而迷了路。

5 Jahn-Markl

Jahn-Markl是一家专门出售奥利地传统服饰的商店，据说这里出售的各式各样美丽的传统服饰深受卡拉扬、奔驰总裁等世界知名人士的喜爱。如果能在这里买上一身服装，一定是来到奥地利最好的纪念品。

6 哈维尔斯卡露天集市

哈维尔斯卡露天集市是一个靠近旧城广场的露天集市，这里每天会从清晨营业到黄昏。这里有一些工艺品商店很值得推荐，其中的工艺品物美价廉，还可以砍价，是外来游客的不二选择。

7 巴黎大街

巴黎大街是布拉格最著名的购物商业街，在这条街上汇集了各种欧洲知名品牌的商品，绝对是年轻男女不能错过的好地方，同时在这里还有很多漂亮的露天咖啡座，也是游人们逛街休息的好去处。

8 瓦采街

瓦采街是布达佩斯乃至匈牙利最热闹的商业街，在这条街两侧聚集了各种让人爱不释手的民俗工艺品，比如身穿传统服饰的匈牙利娃娃、手工刺绣品、匈牙利香料等，每家店都有自己的特色，相信每个人都会在这里有所收获。

9 布达佩斯中央市场

中央市场是布达佩斯购物最便利的地方，这里环境明亮，十分热闹。两边的店铺里总是会传出响亮的叫卖声，让人感受到匈牙利人平常的生活状态。这里能买到各种食材、纪念品、工艺品等，价钱便宜又实惠。

10 Mammut

位于布达的Mammut是布达佩斯价位较高的商场，这座建筑造型现代，设施先进，330多间商店鳞次栉比，除了各种服饰、首饰、玩具和厨房用品等外，还有餐厅及娱乐设施，融购物、娱乐、休闲于一身。

AUSTRIA CZECH HUNGARY HOW

速度买

奥地利捷克匈牙利

② 世界大牌 淘货地

① GUCCI

维也纳科尔马克大街开有专卖店；布拉格巴黎大街开有专卖店；布达佩斯安德拉什大街有专卖店。

② Louis Vuitton

维也纳科尔马克大街有专卖店；布拉格巴黎大街有专卖店；布达佩斯安德拉什大街有专卖店。

③ CHANEL

维也纳科尔马克大街有精品店。

④ PRADA

维也纳WEIHBURGGASS有专卖店；布拉格巴黎大街有专卖店。

⑤ DIOR

布拉格巴黎大街 有专卖店。

⑥ FENDI

布拉格巴黎大街有专卖店。

⑦ TIFFANY

维也纳科尔马克大街有专卖店。

⑧ CARTIER

维也纳科尔马克大街和Ringstraßengalerie有精品布拉格巴黎大街、布拉格鲁济涅机场2号航站楼有精品店；布达佩斯Nagy Jeno u.12、Kristof ter 6、Kerepesi ut 9 有精品店。

⑨ HERMÈS

维也纳Graben 22和维也纳国际机场有专卖店；布拉格巴黎大街有专卖店。

⑩ BURBERRY

维也纳科尔马克大街有专卖店；布拉格巴黎大街有专卖店；布达佩斯安德拉什大街有专卖店。

AUSTRIA CZECH HUNGARY HOW
速度**买** 奥地利捷克匈牙利

③ 特色
伴手好礼
带回家

1 啤酒

啤酒是奥地利和捷克的特产,当地的口感醇正,味道上佳,并且有多种口味供人选择,在这两个国家流传着这样一句话"啤酒,让生活更美好"。

2 葡萄酒

奥地利河谷众多,日照充足,因而遍布着众多葡萄园,所以它也是著名的葡萄酒国度,如果再搭配上美味的食物,更是让人赞不绝口。

3 玻璃工艺品

中欧玻璃工艺品天下闻名,伏尔塔瓦河流域出产一种适合制造玻璃制品的矿石,它们的色泽鲜艳,拥有一种奇妙的绿色,所制作的产品形态各异,深受顾客的好评。

4 巧克力

奥地利的巧克力很有名气,味道可口,不但可以直接食用,还能被用来制作蛋糕、冰激凌等,在浪漫的情人节,它更是表达爱情少不了的主角。

5 传统服饰

奥地利、捷克、匈牙利三国的民族众多，他们的民族服饰也众多，充满着中世纪的华美风情，又有各自的不同之处，尤其在举行各种节日庆典的时候，更洋溢着浓郁的民俗风情。

6 瓷器

奥地利是著名的瓷器产地，是欧洲最早的掌握瓷器制作技术的国家，以富丽的彩绘闻名，而且形态各异，有着典雅的艺术特色。

7 卡罗维发利温泉

卡罗维发利是著名的温泉区，那里的温泉有着丰富的矿物质，不但可以沐浴，而且还可以饮用，并且对众多疾病都有疗效。

8 波希米亚水晶

波希米亚是全球最著名的水晶产地，这里出产的水晶，有着耀眼夺目的光辉，能够展现出优雅的风情，并且能够镶嵌宝石与金边。

9 线控木偶

捷克的拉线木偶很有名气，它们的曲目多种多样，甚至还有与真人大小一样的木偶进行演出，尤其是"音乐木偶剧"很受欢迎。

10 红椒粉

红椒粉是著名的调味料，它的味道不辣，是许多美味食物的调料，尤其以匈牙利牛肉炖汤最为著名。

AUSTRIA CZECH HUNGARY HOW

速度 游

奥地利捷克匈牙利

① 7天6夜 计划书

　　奥地利首都维也纳是举世闻名的艺术之都，人们可以在这里徜徉在每条街道里，了解那些如雷贯耳的音乐家生平和他们留下的伟大作品，让身心接受一次艺术的洗礼。梅尔克是位于多瑙河畔的一座小镇，这里环境幽静，既有历史悠久的梅尔克修道院这样的古迹，也有风景优美的瓦豪河谷，显现出调和的静谧美。

　　萨尔茨堡是奥地利的西部重镇，这座城市建筑非常整齐，风格多样，和阿尔卑斯山的美丽风光很好地结合在一起，被誉为世界上最美的城市之一。因斯布鲁克是奥地利著名的冰雪运动中心，这里曾经先后举办过数届冬季奥运会。在狭窄的小街上，哥特风格的楼房鳞次栉比，和巴洛克式的大门和文艺复兴式的连拱廊一起展现出古城的风貌。

DAY 3

7天6夜 格拉茨—布达佩斯

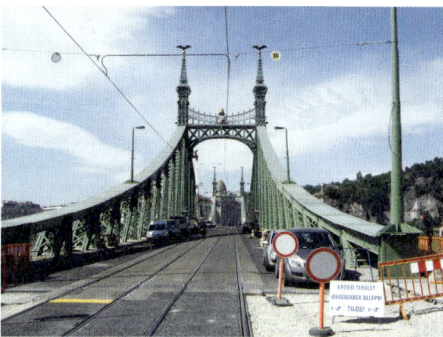

格拉茨是奥地利第二大城市，这里是中欧地区保护最完好的古城，同时这也是一座名人辈出的城市，卡拉扬和施瓦辛格等众人皆知的人物都出生于此。布达佩斯由布达和佩斯两座城市合并而成，其中布达位于多瑙河西岸，在匈奴单于阿提拉的时代，这里是欧洲最繁华的都市之一，至今这里还留下了很多极具价值的古代遗迹。

DAY 4

7天6夜 布达佩斯—圣安德烈

佩斯位于多瑙河东岸，和布达通过桥梁相连，如今是匈牙利的政治中心，布达佩斯内城、匈牙利国会大厦、英雄广场和安德拉希大道等重要设施和景点都位于这里。圣安德烈位于匈牙利北方，是布达佩斯人最喜欢的度假胜地，这里环境幽静，风光优美，融合了多种文明的种子，让人沉醉在这里乐不思归。

DAY 5

7天6夜 布拉格

捷克首都布拉格依山傍水，古迹众多，可以说每一条大街小巷中都隐藏着不为人知的古迹。在这里可以找到13世纪以来的各种形式的建筑物，堪称一座天然的建筑博物馆。

DAY 6

　　捷克布杰约维采是一座迷人的中世纪老城，有一个巨大的老城广场，四周环绕着18世纪的长廊，同时这里也是一座著名的啤酒城，盛产一种也叫"百威"的啤酒。捷克克鲁姆洛夫是一座散发着南波希米亚独有的迷人风情的古镇，镇中大部分建筑建于14世纪到17世纪，被称为世界上最美的古城之一。

DAY 7

　　比尔森是欧洲著名的啤酒城，同时在这里还能看到很多中世纪的传统建筑，让人感受到这里的浓郁历史感。卡罗维发利是欧洲最著名的温泉乡，在这里拥有数座从中世纪开始就有的温泉回廊，而且这里的温泉大多都可以直接饮用，对人体有很多益处。

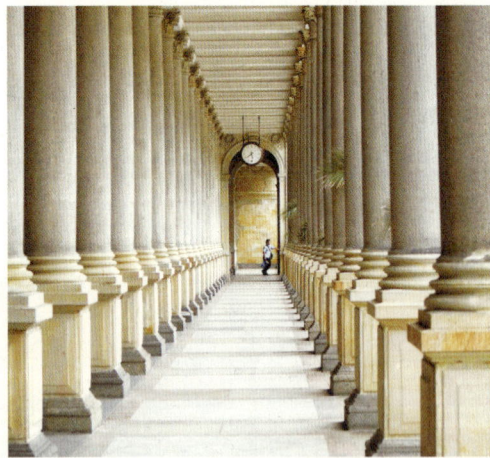

NIGHT 7

AUSTRIA CZECH HUNGARY HOW

速度游

奥地利匈牙利

2 6天5夜
计划书

DAY 1

6天5夜
维也纳霍夫堡宫—格拉本大街—博物馆区—国家美术馆—音乐之友协会大楼

霍夫堡宫是哈布斯堡家族的宫室，皇宫内部结构庞大复杂，宛如迷宫一般。其装饰更堪称金碧辉煌，让人叹为观止。格拉本大街是维也纳最繁忙的购物街，在大街正中有一座鼠疫纪念柱，专门用来纪念那场席卷欧洲的黑死病大灾难。维也纳博物馆区是世界上最大的博物馆群，拥有各种主题的博物馆。国家美术馆中珍藏着来自世界各地的珍贵文物，让人眼花缭乱。音乐之友协会大楼是维也纳的艺术中心，这里的金色大厅是人们最熟知的地方，每年的新年音乐会都会在这里举行，是一年一度的音乐盛宴。

DAY 2

6天5夜
维也纳森林—梅尔克修道院—美泉宫

维也纳森林是一片天然的原生林，这里背倚美伦河谷，水清林碧，给古城维也纳增添了无比妩媚。梅尔克修道院是梅尔克小镇最重要的建筑，这座黄白相间的美丽建筑既是修道院，也是博物馆，里面拥有无与伦比的文化遗产。美泉宫是哈布斯堡家族的避暑夏宫，它附近有一眼美丽的泉水，饮之感觉神清气爽。

DAY3

萨尔茨堡城堡是这座城市的标志，它历经900年风雨，仍巍峨挺立，是中欧地区保存最完好、规模最大的一座中世纪城堡。如皇家宫殿一般豪华的萨尔茨堡主教府是当时主管这里的萨尔茨堡大主教的府邸，其中还有一处漂亮的喷泉，是中欧最大的巴洛克式喷泉。莫扎特是萨尔茨堡的宠儿，莫扎特纪念馆就建于莫扎特故居之上，在这里可以看到莫扎特早年生活的一切。米拉贝尔宫是一座巴洛克风格的宫殿，仿照法国、意大利等国的多座宫室而建，在宫殿前几何对称的花园中摆放着一系列的神话雕塑，十分美丽。侬山修道院是电影《音乐之声》中的重要场景，是阿尔卑斯山北部地区最古老的女修道院。

DAY4

采用3450块金箔铜板贴面而成的金屋顶是因斯布鲁克最著名的景点，它曾经是新王宫的一部分，在阳光下闪闪发光，煞是好看。霍夫堡皇宫有着不亚于维也纳霍夫堡宫的内部装饰，其绚丽的圆形屋顶壁画，充分体现了当时文艺的鼎盛。圣雅各大教堂是一座巴洛克式建筑，大教堂内圣坛边悬挂着克拉纳赫的著名画作《圣母玛利亚施舍》的画像。施华洛世奇水晶世界是施华世洛奇公司的总部所在，在这里到处都是亮闪闪透明的水晶制品，让人好像身处童话世界之中一般。

DAY5

格拉茨旧城区是感受格拉茨古老风韵的最好地方，在这里到处都是古老的中世纪传统建筑，是欧洲现存的最大中世纪内城。穆尔河之岛主结构以粗细的银色钢管和玻璃交织成网状，两边各有桥梁串联河岸，是艺术与建筑、梦幻与现实融为一体的经典之作。城堡山是格拉茨的标志，在山上的碉堡遗址是格拉茨最古老的建筑，此外还有瞭望台、大钟塔等景点。大灵庙被誉为是"格拉茨的王冠"，是最经典的巴洛克式建筑。

AUSTRIA CZECH HUNGARY HOW
速度 **游**
捷克!

③ **3天2夜计划书**

DAY 6

6天5夜
匈牙利布达皇宫—马提亚斯教堂—多瑙河—议会大厦—圣斯特凡大教堂

　　布达皇宫是布达佩斯最具代表性的建筑，如今这里珍藏着各种历史文物和匈牙利代表性艺术家的艺术作品。马提亚斯教堂是布达佩斯最大的教堂之一，在教堂内有贴满了马赛克瓷砖的贝拉高塔，有精美的圣母圣婴像，充分具有艺术感和历史感。蓝色的多瑙河将布达佩斯一分为二，如果有幸乘船在河上走一遭，一定会被这里如梦似幻的景色所吸引。议会大厦是布达佩斯的地标性建筑之一，宏伟壮观宛如皇宫一般，内部有近700个房间，还有18个大小庭院。圣斯特凡大教堂是布达佩斯最雄伟的教堂，其内部的华丽程度难以用语言描述，到处都是精致的大理石石雕和精美的壁画。

NIGHT 6

6天5夜 起程，返回归途

DAY 1

💛 **清晨 到达布拉格**

3天2夜
布拉格旧城广场—旧市政厅—蒂恩教堂—克拉姆葛拉斯宫—卡夫卡之家

　　旧城广场是布拉格最热闹的地方，站在广场中央，放眼望去到处都是风格迥异的古老建筑。旧市政厅是布拉格的地标，这里的大钟每到整点都会冒出很多机器小人出来报时，每次的表演都极为精彩。蒂恩教堂是旧城广场上最醒目的建筑，以哥特式双塔闻名于世，而且在双塔顶端还装饰着纯金圆棒。克拉姆葛拉斯宫是一座装饰着生动雕像的建筑，里面的气派装饰让人叹为观止。卡夫卡故居是卡夫卡的诞生地，但是他们一家住在这间公寓的时间仅有1年。如今这里俨然是朝圣卡夫卡的"圣地"，很多书迷纷至沓来。

3天2夜
查理大桥—贝辛特山—布拉格城堡—瓦茨拉夫广场—国家博物馆

3天2夜
奥洛莫乌茨霍尔尼广场—奥洛莫乌茨天文钟—神圣三位一体柱—圣莫里茨教堂—泰尔奇城堡

查理大桥是布拉格最伟大的建筑，它横跨在伏尔塔瓦河上，无论是结构还是造型都堪称古典桥梁中最高的杰作。贝特辛山是布拉格最广袤的公园，既能欣赏蓊郁的森林风光，也可以在各种游戏设施中玩个痛快。布拉格城堡距今已经有1000年历史，其中涵盖了一座宫殿、3座教堂、1间修道院和花园及其他建筑。瓦茨拉夫广场是布拉格新城区的标志，在广场中央矗立着高大的民族英雄圣瓦茨拉夫的塑像。国家博物馆是布拉格最好的博物馆之一，在这里最受人们关注的当属宝石展，各种红蓝宝石和钻石交织在一起，发出璀璨的光芒。

霍尔尼广场是奥洛莫乌茨最热闹的广场，周围围绕着商家、餐厅、各种喷泉，是游客漫步、休闲的好去处。奥洛莫乌茨天文钟凹壁表面由当时著名的马赛克装饰家精心装饰而成，每到中午12点，里面的机器小人都会出来表演，非常有趣。神圣三位一体柱位于霍尔尼广场中央，高35米，在柱子顶端有精美的圣三位一体雕像，中间是圣母升天雕塑。圣莫里茨教堂历史悠久，走进这里就能感到一种宁静祥和的气氛，里面还有一架有200多年历史，号称中欧第一大的管风琴。泰尔奇城堡建于14世纪，散发出浓郁的意大利风格。在不大的城堡里随处都能见到漂亮的池塘花园，一派优雅风光。

3天2夜 起程，返回归途

维也纳!

④ 2天1夜 计划书

💛 **清晨** 到达维也纳

DAY 1

2天1夜
霍夫堡宫—斯特凡大教堂—格拉本大街—圣彼得教堂—音乐之钟—修登修道院—维也纳大学

霍夫堡宫内拥有众多华美殿堂，还有英雄广场、宫廷花园、西班牙马术学校等景观。斯特凡大教堂是一座气势宏伟的哥特式建筑，它的内部空间广阔，还有精美的装饰。格拉本大街是一条繁华的街道，两侧遍布着各种知名品牌的商铺，还有华美的纪念柱作为点缀。圣彼得教堂是一座华美的巴洛克式教堂，它的内部装饰华丽，还拥有精美的雕刻艺术品。音乐之钟会进行整点报时，届时精美的人偶会在优美的音乐伴奏下，翩翩起舞。修登修道院里的装饰典雅，里面的博物馆里陈列着众多历史资料，能够让参观者了解它的非凡历史。维也纳大学洋溢着浓郁的书卷气息，古老的建筑和年轻的学生，相映成趣。

DAY 2

2天1夜
议会大厦—音乐之友协会大楼—博物馆区—国家歌剧院—美泉宫

议会大厦是奥地利的政治中心，它是一座华美的巴洛克式建筑，前方还有精美的雕塑。音乐之友协会大楼是金色大厅的所在地，是音乐家们进行表演的圣殿，也是维也纳新年音乐会的举办地。博物馆区内的展馆众多，其中以维也纳艺术厅、利奥波德艺术馆、现代美术馆等展馆最为出名。国家歌剧院是全球顶级的艺术表演场所，也是维也纳最华美的建筑之一。美泉宫是哈布斯堡王朝的皇宫之一，特蕾莎女皇、茜茜公主等名人都在这里长期居住过。

NIGHT 2

2天1夜 起程，返回归途

AUSTRIA CZECH HUNGARY HOW

速度 游 布拉格!

⑤ 2天1夜 计划书

DAY 1

2天1夜
布拉格旧城广场—旧市政厅—蒂恩教堂—圣尼古拉斯教堂—卡夫卡故居

布拉格旧城广场是布拉格的中心广场，它的四周遍布着众多古老的建筑，同时还是这里最繁华的商业区。旧市政厅是布拉格的标志性建筑，它的钟塔上有一座造型独特的天文钟，每到整点报时的时候，还会进行精彩的人偶表演。蒂恩教堂是一座雄伟的哥特式教堂，位于两侧的高大尖塔已经成为这座城市的标志性景观。圣尼古拉斯教堂是布拉格最雄伟的建筑之一，它还是春、秋两季音乐节时举办音乐会的场地。卡夫卡故居是全世界的书迷们进行朝圣的地方，来到这里的游人们可以追寻卡夫卡的足迹。

DAY 2

2天1夜
查理大桥—瓦尔德施泰因宫和花园—胜利马利亚教堂—贝辛特山—布拉格城堡

查理大桥上的精美雕塑和高大的桥塔是这座大桥的主要景观，它们也是广受好评的布拉格美景。瓦尔德施泰因宫是一座华美的殿堂，它是三十年战争时期的头号名将华伦斯坦的故居。胜利马利亚教堂是士兵们为了祈祷胜利而建的，那里的圣婴蜡像是布拉格的著名景观。贝辛特山是俯瞰布拉格城市风光的最佳地点，在这里还能参加骑马游园等娱乐活动。布拉格城堡是气势雄伟的宫殿群，这里既有高大的尖塔，又有华美的装饰，还有众多博物馆供人参观。

NIGHT 2

2天1夜 起程，返回归途

AUSTRIA CZECH HUNGARY HOW

速度 游

布达佩斯!

6 **2天1夜 计划书**

DAY 1

2天1夜
布达皇宫—圣三位一体广场—马提亚斯教堂—渔夫堡—城堡要塞—多瑙河

布达皇宫是匈牙利王国的皇宫，在神圣罗马帝国统治匈牙利后，这里又成为哈布斯堡家族的行宫之一。圣三位一体广场四周遍布着众多的古老建筑，是城堡山的中心广场，那里还有一座纪念消灭黑死病的巴洛克式纪念柱。马提亚斯教堂气势雄伟，它既有高大的哥特式尖塔，又有华美的装饰，并被渲染出富丽堂皇的气息，还陈列着众多珍贵的宝物。渔夫堡是一座造型华美的城堡，它本来是城堡山的防御设施，现在成了俯瞰布达佩斯美景的最佳地点。城堡要塞是一座坚固的防御建筑，现在还有不同时代的武器装备进行展出。奔腾不息的多瑙河将布达佩斯分为两个城区，位于河道上的玛格丽特岛则拥有不亚于巴黎西岱岛的美景。

DAY 2

2天1夜
议会大厦—圣斯特凡大教堂—匈牙利国家博物馆—李斯特纪念馆—国家歌剧院—英雄广场

议会大厦是匈牙利的政治中心之一，它的气势雄伟，造型典雅大方，拥有巨大的巴洛克式圆顶。圣斯特凡大教堂用了50多年才建造完成，是布达佩斯最宏伟的教堂，各种精美的装饰又为它渲染出富丽堂皇的气息。匈牙利国家博物馆内陈列着众多珍贵的展品，其中既有中世纪的历史宝物、瓷器、编织品等，又有各种珍贵的资料和图片。李斯特纪念馆是介绍音乐家李斯特生平事迹的展馆，该馆是由李斯特的故居改建而来的，每逢周日，会有年轻的音乐家在此演奏。国家歌剧院是匈牙利最好的演出场所之一，里面的装饰富丽堂皇，有着华贵典雅的风范，是过去王公贵族的社交场所。英雄广场建于1896年，是布达佩斯举行各种重大典礼仪式的场所，广场中央有一座36米高的纪念柱，其顶部是大天使加百列的雕像。

NIGHT 2

2天1夜 起程，返回归途

大赏
奥地利

奥地利

攻略HOW

奥地利

奥地利攻略 AUSTRIA HOW

奥地利·维也纳旧城区

维也纳旧城区毫无疑问是欧洲最美的古城之一，城市中心的斯特凡大教堂以中世纪的哥特风格为主，霍夫堡宫的巴洛克风格雄伟壮观，19世纪建造的环城大街把维也纳老城的景致毫不掩饰地展示出来，古老的花园和街道也给人留下永生难忘的印象。

奥地利·维也纳旧城区 特别看点！

第1名！
霍夫堡宫！
100分！

★ 奥匈帝国的皇宫，哈布斯堡王室的驻地！

第2名！
斯特凡大教堂！

90分！

★ 维也纳的标志性建筑，全世界第二高的哥特式尖塔！

第3名！
格拉本大街！

75分！

★ 维也纳最繁华的街道，参观维也纳最古老的教堂！

---

1 霍夫堡宫

奥匈帝国的皇宫

100分！ ★★★★★ 赏

霍夫堡宫始建于13世纪，是中欧最大的宫殿建筑群，是大名鼎鼎的哈布斯堡王室的驻地。宽阔的英雄广场树立着两位伟大军事统帅欧根亲王和卡尔大公的雕像。新王宫建于19世纪末，是霍夫堡宫中最为雄伟的建筑，里面包括著名的艾菲斯博物馆、古乐器博物馆、中世纪武器博物馆等。景区内的国家图书馆和宫廷花园都是各有特色的景点。

✉ Hofburg,Michaelerkuppel,A-1010,Wien 乘乘地铁3号线在Herrengasse站出站

❀ 英雄广场

纪念莱比锡战役的广场

英雄广场是霍夫堡宫的殿前广场，不仅是皇宫的入口，还是著名的旅游景点。它建于弗朗茨一世时期，是为了纪念反法盟军在莱比锡战役中击败拿破仑而建的，值得一提的是建筑这座广场的工匠全部都是当时参战的士兵，他们还在广场上竖立了两座铜像，分别是奥利地历史上头号名将欧根亲王和成功击败拿破仑的卡尔大公。

❀ 新霍夫堡宫

霍夫堡宫最华美的宫殿

新霍夫堡宫建于19世纪末，是一座宏伟的文艺复兴式建筑，整体造型典雅大方，是霍夫堡宫中最著名的殿堂。这座建筑二楼有一排整齐的廊柱，它们的下方则是造型各异的塑像，十分精美。新王宫现在被改辟为霍夫堡宫的博物馆，那里既有展示小亚细亚地区考古遗物的艾菲斯博物馆，又有首场贝多芬、莫扎特、舒伯特等大艺术家演出用过的乐器的古乐器博物馆，还有陈列着自公元前15世纪以来众多文字资料的古莎草博物馆。人类学博物馆则是各种珍奇物品的会聚之处，许多奇异的展品令人不由得啧啧称奇。

❀ 国家图书馆

奥利地的国家图书馆

国家图书馆是一座华美的巴洛克式建筑，它的收藏历史可以追溯到遥远的中世纪，这座图书馆原本是哈布斯堡王朝的皇家图书馆，后在1920年收归国有，成为奥地利最著名的图书馆。这里收藏了大量珍贵的书籍，总数高达230余万册，其中既有古代羊皮卷，又有中世纪的手抄本，还有很多奥利地音乐家亲自填写的乐谱。

❀ 瑞士人大门

雄伟典雅的大门

瑞士人大门是一座华美典雅的城门，它是旧王宫的正门，气势雄伟，又有各种华美的装饰，建于1522年，其上方还悬挂着哈布斯堡王室的双鹫徽章。这座城门的本名已经无法考证了，获得现名的原因是该门的守卫者都是来自瑞士的缘故，因为在当时的各国王室心目中剽悍、忠诚的瑞士人是最可靠的侍卫者。

❀ 旧霍夫堡宫

哈布斯堡王朝的象征

　　旧霍夫堡宫是霍夫堡宫里历史最悠久的建筑，它的首位拥有者是哈布斯堡王朝的奠基人鲁道夫一世。这座建筑本来是一座防御性的堡垒，后来逐渐被改建成为一座华美的殿堂，曾有多位神圣罗马帝国的皇室成员在此居住过。漫步在殿堂内，可以追寻历史的痕迹，还能感受时代的变迁。

❀ 阿尔贝蒂纳宫

展品众多的博物馆

　　阿尔贝蒂纳宫虽然名气不大，但是极有特色，它是特蕾莎女皇的女婿、18世纪著名的收藏家阿尔贝特创办的，这里展出着他所收集的各种艺术品，其中绘画6.5万余幅，书籍3.5万册，其他各类印刷品有100万本之多，还有奥匈帝国图书馆的珍藏的版画。阿尔贝蒂纳宫值得人们驻足观看。

❀ 奥古斯特教堂

哈布斯堡王室的御用教堂

　　奥古斯特教堂是哈布斯堡王室的御用教堂，它是举行各种典礼仪式的场所，既包括各种宗教祭奠，又是婚礼的举行地，著名的茜茜公主就是在这里和弗朗茨·约瑟夫一世结为夫妻的。这座教堂建于14世纪，是霍夫堡宫中历史最悠久的建筑之一，它既有哥特式的高大拱顶，又有巴洛克式的华美装饰，有着典雅大方的风范。此外，奥古斯特教堂内还有一座小墓穴，里面珍藏着54个小罐，小罐内装的是哈布斯堡皇亲们的心脏。

❀ 皇宫小教堂

优雅的小教堂

　　皇宫小教堂位于瑞士人大门的后方，它本来是霍夫堡宫中的一座小型教堂，但因其周围优美的环境和浪漫的氛围而成为维也纳市民举行结婚仪式的首选地之一。这座教堂还是著名的音乐殿堂，维也纳儿童之声合唱团就是在这里组建，每到宗教节日和星期六的上午该团就会来此进行演出，有机会聆听的话，千万不要错过。

宫廷花园
景色优美的花园

宫廷花园是霍夫堡宫内的名景之一，昔日王宫贵族所在的高级庭院，现在成为普通市民畅游的场所。漫步在花园中可以看到一家家的奥地利市民在此游玩、聚会，那其乐融融的景象，充满温馨的氛围。花园里还有一座莫扎特的雕像，前方的花坛上用色彩缤纷的花朵装饰出各种音乐符号，谱写出一曲优美典雅的歌曲。

西班牙马术学校
全球知名的马术学校

西班牙马术学校建于1572年，是哈布斯堡王室的御用马术学校，这里自17世纪中期开始，就长期引进名贵的西班牙马种进行驯化，故得此名。现在这里已经成为全球最好的马术学校之一，而且还会定期举行马术表演和驯马活动。来到这里的游客们可以欣赏到精彩的障碍赛跑、华丽的盛装舞步等马术表演。

宰相宫
弗朗茨·约瑟夫一世的寝宫

宰相宫建于18世纪初期，原本是特蕾莎女皇时期重臣们居住的地方，后在弗朗茨·约瑟夫一世时代，成为这位皇帝的寝宫，他的卧室非常简单，一张铁床和最简陋的盥洗用具勾勒出了这位在位最长的皇帝的生活。

利奥波德大楼
特蕾莎女皇的住处

利奥波德大楼是一座建于1666年的殿堂，它在成为特蕾莎女皇的卧室之后，进行大规模的改装，使之更加华美典雅，有着富丽堂皇的风范。这座殿堂是典型的巴洛克式建筑，既有精美的雕像，又有各种精美的艺术作品。奥地利皇帝约瑟夫二世、法国国王路易十六的王后玛丽·安托瓦内特也曾居住在这里。

❀ 阿玛琳堡

茜茜公主的故居

阿玛琳堡原本是哈布斯堡王朝中未亡人居住的地方，到了19世纪中期之后，茜茜公主就居住在这里，与其相邻的则是弗朗茨·约瑟夫一世所居住的宰相宫。这座宫殿还保持着当年的华贵风范，里面还有许多健身器材，据说是宫殿主人曾经使用过的。这座宫殿里面的装饰豪华，既有用名贵大理石制作的小型圣坛，又有路易十四时期的法式家具，还有茜茜公主的优美画像。

2 德梅尔糕饼店

历史悠久的蛋糕店 ★★★★ 吃

德梅尔蛋糕店营业时间可以追溯到遥远的18世纪末，它虽然几经变更地址，可在维也纳人心目中仍然有着重要的地位。这家蛋糕店出售的蛋糕美味可口，而且还有华美的外形，Sachertorte蛋糕是这里的招牌，它的表面裹上了一层甜甜的巧克力，中间则是一层酸甜的杏桃酱，里面的蛋糕体有着上佳的口感。这家蛋糕店曾是哈布斯堡王朝的御用蛋糕店，橱窗上用于展示的蛋糕都是每天现做的真品，同时还出售各种巧克力和甜点，其中就有茜茜公主最喜欢吃的紫罗兰花糖。

✉ Kohlmarkt 14, 1010, Wien 🚇乘地铁1、3号线在Stephanslatz站出站

📞 01-5351717

3 萨赫咖啡馆

历史悠久的咖啡馆

★★★★ 吃

📧Philharmonikerstraße 🚇乘地铁1、2、4号线在Karlsplatz站出站 📞01-514560

　　萨赫咖啡馆是维也纳现存历史最悠久的咖啡馆，它营业于1810年，两百年来一直是当地最受欢迎的咖啡馆。这家咖啡馆是以美味的蛋糕出名的，相传在1832年时，这里的老板将精心制作的蛋糕献给当时的奥地利帝国首相梅特涅，深受他的赞赏，因此梅特涅将这种美味的巧克力蛋糕冠上了他的姓Sacher，作为赏赐。萨赫咖啡馆还保留着近代咖啡馆的传统特色，来到这里的人们需要在衣帽间放置外套。这家咖啡馆的招牌咖啡是在黑咖啡中混合了鲜奶油的萨赫咖啡，而口味独特的马夫咖啡也很受欢迎。

4 斯特凡大教堂

90分!

维也纳的标志性建筑

★★★★★ 赏

　　斯特凡大教堂的气势雄伟，它的主塔高达137米，是全世界第二高的哥特式尖塔。这座教堂的造型古朴典雅，它既有罗马式的大门，也有巴洛克风格的礼拜堂，顶部则是色彩鲜艳的琉璃瓦。教堂里面收藏着许多珍宝，游人们可以乘电梯来到高塔的顶部俯瞰维也纳繁华的都市风光。每到整点，教堂的钟声会响彻在维也纳的上空。

📧Stephansplatz, 1010Wien 🚇乘地铁1、3号线在Stephansplatz站出站 📞01-515523526 💴4欧元

5 Figlmuller

奥地利最著名的小吃店之一

★★★★ 吃

Figlmuller创立于1905年，迄今已有100多年的历史，是维也纳最著名的炸肉排小吃店之一，每到用餐的时候，这里就会挤满排队等候的顾客，运气不好的话，往往需要等上一个小时，才能品尝到这里的美味。这家小吃店的招牌菜是传统维也纳炸肉，店家精选上等原料，然后搭配上特制的酱料精心制作而成，口感极佳。这里还有美味清炖牛肉和匈牙利炖牛肉出售，因此很受不同口味的游客欢迎。

📧Wollzeite number 5, 1010 Wien 🚇乘地铁1、3号线在Stephanslatz站出站 📞01-5351717

6 哈维卡咖啡

维也纳最著名的咖啡店

★★★★ 吃

哈维卡咖啡店是维也纳最有名气的咖啡店，它虽然深藏于小巷之中，但声名却远播四海，许多游客都会在街道中反复寻觅它的踪影。这家咖啡店曾经来过无数名流，其中最爱这里的当数作家米勒，在烟雾弥漫的房屋里散发出维也纳老房子特有的韵味。哈维卡咖啡店里永远只提供传统的意式咖啡，昏黄的灯光，口感醇正的咖啡，能让来到这里的游客感到淡淡的温馨氛围，这幅优美的画面已经出现在多本旅游书中。

📧Dorotheegasse 6 🚇乘地铁1、3号线在Stephanslatz站出站 📞01-5128230

7 丁形广场
独特的铁钉广场
★★★★ 逛

丁形广场是维也纳众多广场中较为独特的一个，据说这里曾是前往德国学习制锁技术的年轻人凿下铁钉作为纪念的地方，并因此得名。

这座广场位于古老的斯特凡广场、格拉本大街、克尔特纳大街的交会处，既有古老历史的余韵，又展现着现代时尚的风情，因而是画家、摄影家眼中的取景胜地。丁形广场四周最著名的建筑当数1990年建造的哈斯大厦，它的造型有着前卫的后现代主义色彩，由玻璃和大理石组成了不规则的外形，因此在古建筑众多的维也纳算是较为独特的存在。

✉ Stock-im-Eisen-PL，1010Wien 🚇 乘地铁1、3号线在Stephanslatz站出站

8 Griechenbeisel
中世纪创办的餐馆
★★★★ 吃

Griechenbeisel是一家历史悠久的餐馆，建于15世纪，在经历过漫长的岁月之后，已经成为这座音乐之城的一部分。这家餐馆曾经遭受过地震、水灾、火灾、鼠疫和刀兵的洗礼，也曾光荣地接待过贝多芬、舒伯特、马克·吐温、瓦格纳等名人，他们的签名至今还完好地保留在签名墙上。来到Griechenbeisel餐馆的游人们不仅能品尝美味的维也纳佳肴，还能感受时光的流逝所带来的独特氛围。

✉ Fleischmarkt 11, A-1010, Wien 🚇 乘地铁1、4号线在Schwedenplatz站出站 📞 01-5331977

⑨ 格拉本大街 （75分！）

维也纳最为繁华的街道

★★★★★ 逛

✉ Graben Street, Innere Stradt
🚇 乘地铁1、3号线在Stephansplatz 站出站

格拉本大街被誉为维也纳最美丽的街道，它的两侧是一栋栋造型华美的古建筑，路中央还有一根雄伟壮观的纪念柱，它是为纪念14世纪的黑死病灾难而建的。漫步在街道上能够看到许多出售特色商品的店铺，而那些露天咖啡座和面包店，则让这里充满了繁华热闹的气息。

❀ 黑死病灾难纪念柱

华丽的巴洛克式纪念柱

黑死病灾难纪念柱是一座华丽的巴洛克式纪念柱，它是为纪念14世纪的大规模黑死病被遏止而建造的，其出资者是当时的神圣罗马帝国皇帝利奥波德一世。这座纪念柱虽然没有雄伟的气势，却有着华丽的雕塑和精美花纹图案，它的顶部是基督教的圣父、圣子、圣灵三位一体圣神像，下方则是向他们跪拜的利奥波德一世像。

❀ 圣彼得教堂

造型优美的巴洛克式教堂

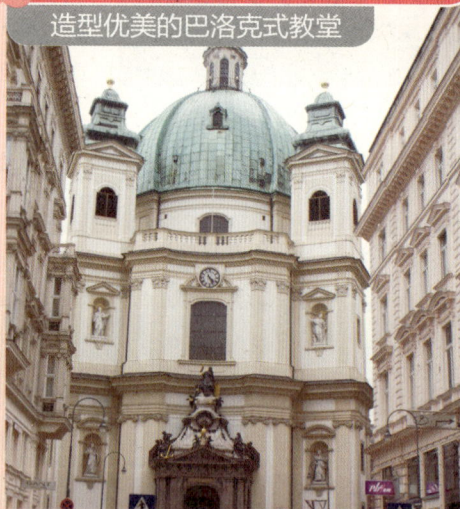

圣彼得教堂位于格拉本大街尽头的广场上，它建于9世纪，是维也纳最古老的教堂之一。这座教堂拥有色彩鲜艳的圆顶，里面还有精美的壁画和装饰物。

音乐之钟是维也纳最著名的报时钟，它在整点报时的同时会出现一位奥地利历史上的知名人物的人偶。这座大钟会根据时间的不同而改变出场人物的数量，因此每到12点，就会出现12个人偶同时报时的精彩场面。音乐之钟的人偶既有古代的罗马皇帝，也有奥利地著名的特蕾莎女皇和军事家欧根亲王。

10 音乐之钟
演奏美妙音乐的报时钟 ★★★★ 赏

📧 Hoher markt 🚇 乘地铁1、3号线在Stephansplatz站出站

11 安郝夫教堂
气势雄伟的大教堂 ★★★★ 赏

📧 Kirche am Hof, 1.Bezirk, Platz am Hof, 1010Wien
🚇 乘坐地铁3号线在Herrengasse站出站 ☎ 01-5338394

安郝夫教堂在维也纳众多教堂中也是相当知名的一座，它有着雄伟壮观的气势和华美典雅的造型，各种装饰富丽堂皇，并且其顶部还有一尊华丽可爱的小天使塑像。这个教堂的窗扇众多，能将柔和的阳光直接透入华丽的殿堂之中，并给那里渲染出一层圣洁的氛围。安郝夫教堂还是见证历史的场所，1806年，占领维也纳的法国皇帝拿破仑就是在这座教堂的阳台上宣布神圣罗马帝国终结的。

12 克尔特纳大街

维也纳最著名的商业街　★★★★★　逛

　　克尔特纳大街是维也纳最著名的商业街，即使在全欧洲也是著名的购物胜地。那里的商铺种类繁多，不论衣服、饰品、珠宝、茶具、画册、工艺品还是旅游纪念品应有尽有。附近的街道上还经常出现街头艺人和打扮成各种造型雕像的表演者，热闹的气氛与充满活力的市场吸引了众多游客驻足，纷纷拍照留念。

🚇乘地铁1、3号线在Stephanslatz站出站

13 卡普齐纳教堂

哈布斯堡家族的墓地　★★★★　赏

　　卡普齐纳教堂是一座造型简朴的教堂，它既没有雄伟的气势，也没有豪华的装饰，充满着返璞归真的气息。这里自16世纪以来就是哈布斯堡王室的皇家墓园，大名鼎鼎的特蕾莎女皇夫妇的棺木就在这里，灵柩上方是华美的巴洛克式浮雕，而顶部则是夫妻二人的雕像。约瑟夫皇帝及其妻子茜茜公主的棺木也在这里。

✉Stephansplatz, 1010Wien　🚇乘地铁1、3号线在Stephansplatz站出站
📞01-515523526　💴4欧元

14 尼哈特湿壁画博物馆

维也纳的著名艺术展馆 ★★★★ 赏

📧 Tuchlauben 19, A-1010, Wien 🚇乘地铁1、3号线在Stephanslatz站下 ￥2欧元

尼哈特湿壁画博物馆虽然不大，但在维也纳众多博物馆中却是相当知名的一座，它是以收藏各种壁画艺术作品而出名的。这座博物馆所在的楼房历史悠久，那里甚至发现了一幅1400年的古老壁画，它还是维也纳地区现存历史最悠久的描述世俗风情的壁画。尼哈特湿壁画博物馆里收藏的艺术展品众多，它们的创作时代各不相同，风格各异，有着极强的艺术感染力，吸引来到这里的游客驻足仔细观看。

15 修登修道院

古朴典雅的修道院 ★★★★ 赏

📧 Schottenstift Freyung 6 🚇乘地铁3号线在Herrengasse站出站 ￥9欧元

修登修道院是中世纪爱尔兰教士传教和修行的地方，它建于12世纪，是维也纳最早的教堂之一。这座教堂的主体建筑是仿罗马式的长方形教堂，它的西侧塔楼则是巴洛克风格的建筑。修道院里面还有一座宗教博物馆，里面收藏了15～19世纪的壁画和祭坛画，它们大都取材自基督教的神话故事。

16 莫扎特纪念馆

莫扎特的故居 ★★★★ 赏

莫扎特纪念馆是由音乐大师莫扎特的居所改辟而来的，它深藏于维也纳的街巷之中，是个毫不起眼的民居建筑。莫扎特于1784～1787年间居住在这里，大名鼎鼎的《费加罗的婚礼》就是在这里完成的。来到纪念馆内可以了解大师的生平事迹，还能看到他所使用过的各种物品，以及他亲笔所写的乐谱、信件等。

📧 Domgasse 5 🚇乘地铁1、3号线在Stephansplatz站出站 📞01-5121791 ￥9欧元

大赏
奥地利

奥地利

攻略WOW

奥地利攻略 AUSTRIA HOW

奥地利·维也纳博物馆区

维也纳博物馆区是奥地利文化繁荣的象征，这里包罗万象，是一处天然的建筑艺术博物馆，不同时代、风格各异的建筑在这里会聚，能让人惊叹不已。

奥地利·维也纳博物馆区 特别看点!

第1名!
维也纳博物馆区!

100分!

★ 博物馆会聚的地方，不同风格的建筑！

第2名!
音乐之友协会大楼!

90分!
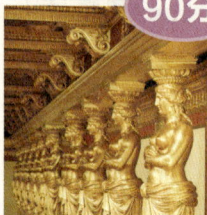
★ 金色大厅的所在地，音乐圣殿！

第3名!
国家美术馆!

75分!
★ 奥地利最大的艺术展馆，欣赏精美的艺术展品！

1 维也纳博物馆区
100分!

博物馆会聚的地方

★★★★★ 逛

✉ Museumplatz 1　🚇 乘地铁2号线在Museumquartier站出站　📞 01-5223115　💴 4欧元

　　维也纳博物馆区是欧洲最大的博物馆区，那里的展馆众多，是一个包罗万象的景区。维也纳艺术厅里收集了大量的现代艺术作品；利奥波德艺术馆里展出的大都是奥地利知名画家的作品，其中就包括大量的席勒画作；现代美术馆是一个极具科幻色彩的展示场所，那里展出的大都是具有前卫色彩的当代艺术作品。

奥地利·维也纳博物馆区

❀ 维也纳艺术厅

收集现代艺术作品的展馆

维也纳艺术厅是博物馆区最具现代色彩的展馆，这里收集了大量的现代作品，尤其是那些横跨各学科的艺术作品，更是有着独特的吸引力。来到这里可以欣赏电影、摄影、建筑等现代艺术作品的魅力。

❀ 现代美术馆MUMOK

维也纳最大的艺术展馆

现代美术馆是整个中欧地区最大的艺术馆，其本身也是建筑艺术的杰作。漫步在展馆内可以看到众多的艺术作品，既有风格独特的前卫艺术作品，又有经典的现代艺术作品和写实的摄影艺术作品。

❀ 艺术补给工厂

现代艺术展馆

艺术补给工厂是博物馆区最富有特色的展馆之一，来到这里的游人们可以尽情欣赏各种现代艺术作品，还能参加该馆举行的艺术家演讲、研讨会、座谈会、研究课程、艺术沙龙等活动。

❀ 建筑中心

介绍建筑艺术的展馆

建筑中心是介绍建筑艺术发展变迁的地方，从古希腊时代到现代的各种建筑艺术在这里都能欣赏到，中心内部还有一处图书馆。这里还经常举行各种讲座、演讲和展示活动。

❀ 艺术中心

介绍香烟发展历史的展馆

艺术中心是全面介绍香烟自15世纪以来发展历史的展馆，从烟草的种植技术，到不同时代香烟的制作过程，应有尽有，而且展馆里还有很多独特的制烟机械供游客操作体验。

❀ 儿童博物馆

富有童趣的博物馆

儿童博物馆是专门为未成年人所设计的展馆，是亲子游玩、进行科学探索的最佳地点，同时还能培养孩子们的艺术情操和对美好事物的热爱。

❀ 利奥波德艺术馆
有着鲜明艺术色彩的展馆

　　利奥波德艺术馆是博物馆区最有特色的展馆之一，这里收集了大量奥地利艺术家的作品，是世界上收集席勒的作品数量最多的展馆，其中就包括大名鼎鼎的《自画像》，还有其他备受争议的写实风格作品。

❷ 国家美术馆　75分！
奥地利最大的艺术展馆
★★★★★ 赏

📧Maria-Theresien-Platz 🚇乘地铁2号线在Museumquartier站下
📞01-525244025 💴10欧元

　　维也纳是著名的艺术之都，所以这里的奥地利国家美术馆也是全球知名的艺术展馆，里面展出着哈布斯堡王室几百年来收集的众多艺术作品。这个展馆的展厅众多，希腊罗马馆里展出的大都是珍贵的考古文物；雕刻装饰艺术馆里展出的则是精美的雕塑和手工艺品；绘画馆里以威尼斯画派和北方文艺复兴的作品为主，其中就包括大画家提香、布勒哲尔等人的画作。

❀ 雕刻装饰艺术馆
雕塑艺术的展馆

　　雕刻装饰艺术馆是一个以雕塑艺术作品为主的展馆，来到这里的游客们能够看到不同时代、各有特色的雕塑艺术作品。漫步在这个展馆里，能够感受到艺术作品所带给人们的震撼。

❀ 绘画馆
国家美术馆的核心展馆

　　绘画馆内收集了14000余幅各类绘画作品，其中就包括北方文艺复兴平民传统的代表人物之一的布勒哲尔的《农民的婚礼》和《雪中猎手》等知名作品，这里同时还展出了西班牙、英国等国家艺术家的作品。

❀ 希腊罗马馆
希腊罗马时代的艺术展馆

希腊罗马馆里收藏着大量公元前3000年到11世纪的各种文物、艺术品和装饰品。其中最珍贵的当数来自塞浦路斯的雕像，造型精美的青铜桌、华丽的马赛克拼贴画等。

3 特蕾莎雕像
一代女皇的雕像 ★★★★ 赏

玛丽亚·特蕾莎女皇是奥地利哈布斯堡王朝唯一的女皇帝，也是对欧洲近代历史有着重大影响的领袖人物，为了纪念她，奥地利政府在维也纳玛丽亚·特蕾莎广场上竖立了她的雕像。这座雕像造型精美，栩栩如生，玛丽亚·特蕾莎女皇端坐于高处，基座下方则是她的朝臣们的群像，位于中间的是首相，骑马的是将军。

🚇 乘地铁2号线在Museumquartier站出站

4 自然史博物馆
奥地利最好的自然科学博物馆 ★★★★ 赏

🚇 乘地铁2号线在Museumquartier站出站 📞01-521770 ¥8欧元

自然史博物馆是奥地利的国家博物馆之一，它原本是哈布斯堡的王室展馆，那里收集了大量的历史文物，还有矿物学、古生物学、人类学的化石和标本。这个博物馆共分为6个展区，其中就有全世界最大的人类头盖骨、重达100多千克的黄玉原石、使用了1500颗钻石和1200颗宝石打造而成的奢侈花束、史前时期的女神塑像等珍贵物品。

5 议会大厦

奥地利的政治中心　★★★★★ 赏

✉ Dr Karl-Renner-Ring 3　🚇乘地铁3号线在 Herrengasse站出站　📞01-401102400　💴4欧元

维也纳议会大厦建于1874年，它原本是奥匈帝国的议会所在地，在推翻皇室统治后，成为共和国的议会所在地。这座建筑的风格是古希腊式的，高大的廊柱是这里的象征。议会大厦广场上还有一座喷泉雕塑，雕塑的顶部站立着阿西娜女神，其下方则是各种人物塑像和小天使像。

6 维也纳市政厅

维也纳的标志性景观　★★★★★ 赏

✉ Friedrich-Schmidt-Platz 1, 1010，Wien　🚇乘地铁2号线在 Schottentor站出站

维也纳市政厅建于1872～1883年，用了整整11年才宣告竣工，它是一座雄伟的新哥特式建筑，鳞次栉比的尖塔节节飞升，配合着尖拱形窗户、镂空雕花以及拱门的叠加运用，和尖塔上的暗色玻璃相辅相成，更显出整座建筑雄伟凝重的非凡气势，极具视觉冲击力，耸入云端的宏伟效果又有着令人难以言喻的雄伟庄严之感。

7 维也纳大学

历史悠久的大学 ★★★★★ 赏

✉Domgasse 5 🚇乘地铁2号线在Schottentor站出站 ☎01-5121791 ¥9欧元

维也纳大学是全世界最古老的大学之一，它建于1365年，是维也纳的知名景点。漫步在校园内可以看到洋溢着青春气息的大学生们，也能欣赏到一栋栋古朴典雅的旧式建筑，还有许多曾在这里就读的名人的雕像，例如著名的弗洛伊德雕像。维也纳大学里还有多处历史古迹，许多知名人士在这里留下了足迹。

8 分离派会馆

分离派运动的中心 ★★★★★ 赏

分离派会馆是欧洲著名的现代建筑早期代表作之一，它的造型典雅大方，还拥有精美雕饰图案。这里收藏着大量现代艺术作品，其中最著名的当数克林姆的壁画，而与他齐名的克林格的雕塑和霍夫曼的室内设计作品，都已失散在外。分离派会馆里收藏的作品极为精美，除了名家大师的作品外，还有新锐艺术家的作品。

✉Fruedrichstraße 12 🚇乘地铁1、2、4号线在Karlsplatz站出站 ☎01-5875307 ¥8.5欧元

9 卡尔教堂

造型华美的巴洛克式教堂 ★★★★ 赏

✉Kreuzherengasse 1 🚇乘地铁1、2、4号线在Karlsplatz站出站 ☎01-5056294 ¥6欧元

卡尔教堂是由神圣罗马帝国皇帝卡尔六世在1713年下令建造的，它是为了感谢神灵结束黑死病的肆虐而建的。这座教堂的气势雄伟，它的巨型圆顶高72米，主体风格是巴洛克式，而正门则是古希腊神庙的样式，两侧各有一根高大的凯旋柱。教堂内部的装饰华丽，祭坛处还有精美的浮雕和壁画。

10 维也纳历史博物馆

全面展示维也纳历史的博物馆 ★★★★ 赏

📧Karlsplatz, A-1040, Wien 🚇乘地铁乘坐地铁1、2、4号线在Karlsplatz站出站 📞01-50587470 💴6欧元

维也纳历史博物馆收集着自罗马时代以来的众多艺术作品，还有包括日耳曼时期的古老盾牌、斯特凡大教堂遗留下来的彩绘玻璃、美泉宫的设计蓝图、瓦格纳的科学设计图等珍贵文物。漫步在展馆内可以看到不同时期的艺术作品，其中就包括奥地利的大艺术家克林姆、席勒等人的作品。来到维也纳历史博物馆就能全方位地了解这座音乐之城的发展历程。

11 黑山咖啡

维也纳的著名咖啡馆 ★★★★ 吃

📧Karntner Ring 17 🚇乘坐地铁乘坐地铁1、2、4号线在Karlsplatz站出站 📞01-5128998

黑山咖啡馆位于维也纳的环城大道上，毗邻着著名的国家歌剧院、音乐之友协会大楼和演奏会大厅等景点，是这条大道上最著名的咖啡馆。这家咖啡馆自1865年开张以来，就迎来了无数前往各处欣赏艺术表演的游人，其中不乏社会名流。黑山咖啡馆的咖啡口感醇正，这里的许多咖啡都是以奥地利的知名人士命名的，其中不乏莫扎特这样的大艺术家。

12 国家歌剧院

维也纳最好的歌剧院 ★★★★★ 娱

奥地利国家歌剧院是全球知名的歌剧院，它虽然没有特别悠久的历史，但全世界众多的歌剧界人士无不以在奥地利国家歌剧院进行演出为荣。这里一年有近300场的演出，但是这些演出剧目从未出现重复的。这里的装饰豪华，设施先进，能给观众带来最好的视听享受。这座建筑的造型典雅，门楼上还有精美的青铜塑像。

📧Opernring 2 🚇乘地铁1、2、4号线在Karlsplatz站出站 📞01-514442250 💴6.5欧元

13 音乐之友协会大楼

90分!

金色大厅的所在地

★★★★★ 娱

📧 Bosendorferstraße 12　🚇 乘地铁1、2、4号线在Karlsplatz站出站　📞 01-50508190　💴 5欧元

音乐之友协会大楼是维也纳爱乐乐团的驻地，它的金色大厅是全球最著名的音乐演出场所，一年一度的维也纳新年音乐会就是在这里举行的。这座大楼的内部装饰金碧辉煌，音响效果极为优秀，能给听众带来顶级听觉享受。大楼内的收藏馆里展出着许多音乐大师的手稿，其中包括莫扎特、舒伯特和勃拉姆斯的作品。

❀ 勃拉姆斯厅

造型华美的音乐厅

勃拉姆斯厅和这位伟大艺术家的音乐达成了一种完美的和谐，就如世人对这位音乐家的评论一样，"宝石一样纯净，雪一般柔润"，既有雄浑壮阔的风骨，又带着田园牧歌的柔情。

❀ 金色大厅

全球顶级的音乐殿堂

金色大厅当然是得名于它那金碧辉煌的内部装饰，但更是因为在这里演奏的音乐，无一不是优雅旋律。金色大厅在设计上可谓达到了音响学中的"黄金分割"，狭长的结构、地板墙面的材质，甚至墙上的缪斯女神雕塑都暗藏玄机。

❀ 莫扎特厅

纪念莫扎特的音乐厅

人们评价莫扎特浑然天成的音乐看不出任何斧凿的痕迹，这种真正隐藏了艺术的艺术容易使人误解为简朴，莫扎特厅继承了他的这种艺术风格，他的伟大成就将与音乐一同升华为不朽，打动着每一个来到这里的人。

大赏
奥地利

奥地利

攻略王OW

奥地利攻略 AUSTRIA HOW

奥地利·维也纳其他

奥地利·维也纳其他 特别看点！

第1名！
美泉宫！

100分！

★ 哈布斯堡王室的官邸，奢华的宫殿！

第2名！
多瑙塔！

90分！

★ 俯瞰维也纳风光的高塔，维也纳曾经的制高点！

第3名！
宫廷剧院！

75分！

★ 维也纳的著名剧院，豪华的宫廷剧院！

---

1 感恩教堂

高大的哥特式教堂 ★★★★★ 赏

位于维也纳的罗马天主教堂感恩教堂建成于1879年，两座高大的哥特式尖塔是它的象征，它们与传统的哥特式尖塔并不完全相同，值得游人细细品味。这座教堂的整体造型古朴典雅，它的起源是为了纪念弗朗茨·约瑟夫一世皇帝遇刺事件。教堂里面还供奉着多位奥地利历史的知名人物和重要将领，其中就包括对抗土耳其帝国的名将Niklas Slam的石棺。

✉ Rosseveltplatz 8　乘 乘地铁2号线在Schottentor站下
☎ 01-4061192

2 贝多芬故居

贝多芬的故居　★★★　赏

贝多芬曾长期生活在维也纳，但他曾经换过很多居所，位于维也纳大学附近的这间房屋，是他居住较长时间的一间，著名的第四、五、七、八交响曲及歌剧《费德里奥》都是在这里完成的。这座房屋周围的环境清幽，充满寂静的气息，室内保存着大量文物，既有珍贵的贝多芬乐谱，也有他的众多赞助者的画像。

✉ Molker Bastei 8　🚇 乘地铁1、3号线在Stephansplatz站出站　💴 2欧元

3 中央咖啡馆

充满着文艺气息的咖啡馆　★★★★　吃

中央咖啡馆是维也纳众多咖啡馆中最具文艺风情的一家，它自1876年开业以来就一直饱受维也纳的文艺家们的好评，是文学家奋笔疾书的场所，也是艺术家讨论作品、寻找灵感的源泉。这家咖啡馆的最大特点就是提供各种报纸供来访者们阅读，因此初次来到这里的游客会被那喧杂的探讨声和辩论声所惊讶。中央咖啡馆里的咖啡口感醇正，味道香浓，因此又是情侣们进行约会的场所。

✉ Herrengasse 14　🚇 乘地铁3号线在Herrengasse站出站　📞 01-533376426

4 中央公墓

维也纳的墓葬区　★★★★　赏

中央公墓是维也纳著名的墓葬景点，这里四周遍植苍翠的松柏，采用鲜花进行祭拜，有着幽静典雅的氛围。这座公墓埋葬着大量的知名人士，并根据死者的信仰不同，安葬在不同的区域。第一次世界大战纪念碑是中央公墓的名景，那里是祭奠在第一次世界大战中阵亡的将士们的地方。墓园中的鲁艾加教堂，是一座造型典雅的小教堂。来到这里的游人，可以前往贝多芬、舒伯特、勃拉姆斯等大艺术家的陵墓处，祭奠扫墓。

🚊 乘71路电车在Zentralfriedhof站下

5 宫廷剧院 (75分!)

维也纳的著名剧院 ★★★★★ 娱

宫廷剧院是维也纳最好的剧院之一，它是由著名的特蕾莎女皇所建，并在19世纪末进行了大规模的改造。这座剧院的主体风格是文艺复兴式的，它的顶部还有一座精美的阿波罗雕像，下方则是四根高大的廊柱，有趣的是这些廊柱都是方形的，在欧洲建筑中是比较少见的。剧院里的装饰豪华，有着强烈的宫廷色彩。

✉ Dr Karl-Renner-Ring 2 🚌 乘地铁3号线在Herrengasse站出站
📞 01-514444140 ¥ 5.5欧元

6 青春派大楼

造型典雅的近代房屋 ★★★★ 赏

✉ Linke Wienzeile38&40 🚌 乘地铁4号线在Kettenbruckengasse站出站

青春派大楼是维也纳近代晚期建筑的代表作之一，它们始建于1899年，整体造型华美典雅，有着雄伟的气势，楼宇各处彼此对称，有着独特的美感。38号大楼的外墙上描绘着精美的花纹，其中包括女性头像、金棕榈叶、金藤蔓的装饰，这种独特的装饰正是青春派建筑艺术的特色。而40号大楼的外墙上则铺满了各种精美的瓷砖，并构成一幅巨大的树状图，远远看去，好像一棵包裹着公寓的大树。

7 百水公寓

维也纳当代艺术的代表作 ★★★★★ 赏

　　百水公寓原本是一座普通的公寓楼，但这里的住户在艺术家的带领下进行了大规模的艺术改造，从而让这里成为充满惊奇色彩的楼宇。这座楼房的各处窗台进行了巧妙的装饰，让它们成为独一无二的存在，令初次看到它们的游客惊叹不已。百水公寓的入口处还有一座造型精美的12星座喷泉。

✉ 3 Lowengasse/Kegelgasse 　乘 乘地铁4号线在 Shwederplarz站出站

8 贝尔韦德雷宫

欧根亲王的府邸 ★★★★★ 赏

✉ Untere Weissgerberstraße 13 　乘 乘电车D号线在 Schloss Belvedere站下 　☎ 01-795570 　¥ 13.5欧元

　　欧根亲王是奥地利历史上的最伟大的军事家之一，贝尔韦德雷宫就是他生前居住的地方。这座宫殿式建筑分为上下两个部分，上贝尔韦德雷宫被辟为美术馆，里面展出着19世纪以来的艺术作品，其中包括克林姆、席勒等大师的画作。穿过辽阔的花园，就来到了下贝尔韦德雷宫，那里是巴洛克艺术和中世纪艺术的博物馆。

9 维也纳艺术馆

奥地利最好的艺术展馆之一 ★★★★ 赏

✉ Untere Weissgerberstraße 13，A-1030，Wien 　乘 乘地铁4号线在Shwederplarz站出站 ☎ 01-7120495 　¥ 9欧元

　　维也纳艺术馆是一座收藏有众多精美艺术品的展馆，它不仅是奥地利最大的艺术展馆之一，在整个欧洲也是屈指可数的。这个展馆里的收藏品很多，除了该国艺术家的作品外，还有来自世界其他国家的艺术作品。漫步在展区内能看到各种各样的艺术作品，除了传统的绘画、雕塑外，还有摄影、布匹、屏风等较为独特的艺术作品展出。这里还经常举行艺术品专题展览，游客届时能够看到新锐艺术家的作品。维也纳艺术馆里的家具也颇有特色，经过的时候不妨驻足欣赏。

10 垃圾焚化炉

现代科技的杰作 ★★★★ 赏

Heiligenstadter Straße 31, 1190 Dobling, Wien 乘地铁4号线在Spittelau站出站

垃圾焚化炉是以古迹著称的维也纳市区中一个著名的现代景观，它是现代科学技术的产物，有着实用的效果和华美的外形。这座焚化炉的外形亮丽典雅，它的墙壁上涂满了鲜艳的色彩，并描绘着各种美丽的花纹图案。垃圾焚化炉的标志性景观是那座高达100米的控制中心，它那金色的外形还让看到此塔的游客以为那是一个华美的观景平台。这座焚化炉承担了维也纳30%的垃圾处理任务，是这座城市保持整洁的功臣之一。

11 美泉宫 100分！

哈布斯堡王室的官邸 ★★★★★ 赏

Schonbrunner Schlossstraße 乘地铁4号线在Schonbrunn站出站 01-81113239 13.5欧元

美泉宫（申布伦宫）是奥地利著名的宫殿建筑群，它是一个巴洛克式的园林，有着不逊于凡尔赛宫的美丽景观。这里的环境优美，一座座厅堂点缀其间，还有精美的塑像和碧波荡漾的水池，因此被联合国教科文组织列入《世界遗产名录》中。美泉宫里的殿堂众多，镜厅、大厅、蓝色中国沙龙厅都各有特色。

12 普拉特

维也纳著名的休闲景区 ★★★★ 玩

Prater, 1020 Wien 乘地铁1号线在Pratersterm站出站

普拉特原本是维也纳近郊的一处广阔绿地，在中世纪时代是哈布斯堡王朝的御用狩猎场，后在1766年时由约瑟夫二世皇帝下令对外开放，现在已经成为维也纳著名的休闲景区。这片绿地既有儿童们喜欢的游乐设施，也有探索星空奥秘的天文馆，还有出售各种物品的商店，前往餐馆则能品尝到口味正宗的维也纳美食。普拉特是现在维也纳市民休闲、放松的好地方，既可在这里的绿地上漫步，也可在空地里进行野餐和露宿。

摩天轮

普拉特的象征

摩天轮是普拉特的标志性景观，它建于1898年，虽然历经百余年的风雨洗礼，但至今仍保持着原有的风格，它虽然没有现代摩天轮那雄伟壮观的气势，但仍有着自身的独特魅力。1949年的英国电影《黑狱亡魂》中这座摩天轮曾经出现多次，给全世界的影迷留下了深刻的印象。此外，乘坐摩天轮还可以感受维也纳独有的浪漫风情，是维也纳情侣约会的首选地。

13 多瑙塔 （90分！）

俯瞰维也纳风光的高塔 ★★★★★ 赏

Donauturmstraße 4, A 1220 Wien
乘地铁1号线在Kaisermuhlen-ien Lnt Center站出站 01-2633572 ¥5.9欧元

多瑙塔建成于1964年，是为了庆祝当年举行的维也纳国际园艺展而建的，它的全高为252米，是当时维也纳的制高点。高塔的观景平台位于155米处，来到这里的游人们可以尽情欣赏繁华的市区风光，还能俯瞰远处的多瑙河沿岸诸多美景，并将一座座造型优美殿堂的全貌尽收眼底。观景平台的上方还有一家旋转餐厅，游人可以一边品尝美味佳肴，一边欣赏维也纳的市区风光。这座大楼每到夜间会被璀璨的灯光渲染出亮丽的色彩，显得魅力十足。

大赏
奥地利

奥地利攻略 How

奥地利攻略 AUSTRIA HOW

奥地利·维也纳周边

奥地利·维也纳周边 特别看点！

第1名！
维也纳森林！

100分！

★ 广袤的森林，哈布斯堡王室御用狩猎场！

第2名！
梅尔克修道院！

90分！

★ 奥地利最著名的修道院，雄伟华美的建筑！

第3名！
多瑙河！

75分！

★ 蓝色的多瑙河，乘船观光沿岸美景！

维也纳森林位于音乐之城维也纳的郊外丘陵区，在哈布斯堡王朝时代，是王室的御用狩猎场，现在则是著名的森林公园。这个公园里的景色优美，游人可以在广袤的森林中漫步和呼吸新鲜空气，并聆听小施特劳斯所谱写出的《维也纳森林故事》乐曲中的优美旋律。来到公园的小山上还能遥望远处的多瑙河和维也纳的繁华风貌。

🚃 维也纳火车站南站乘火车在巴登站下
📞 022-3162176

1 维也纳森林
100分！

广袤的森林 ★★★★★ 赏

2 贝多芬遗嘱之家
贝多芬的故居 ★★★★ 赏

🚌 乘38A路公共汽车在Armbrustergasse站下
📞 01-375408　💴 2欧元

贝多芬遗嘱之家是这位大音乐家在1802年时搬迁到维也纳近郊海利根施特镇时的居所，他当时正受耳疾所困扰，但又被这里的田园风情所吸引，并最终战胜了心魔。这里现在被改辟为贝多芬纪念馆，恢复了大音乐家居住时的陈设样貌，还展出了他在这里所谱写的乐曲手稿和他因为听力下降而写下的遗嘱。

3 贝多芬小径
大音乐家漫步的小道 ★★★ 赏

贝多芬小径是这位大音乐家闲暇之余漫步的小道，它是一条风光明媚的道路，其深处就是广袤的维也纳森林，著名的《田园交响曲》就是在这里酝酿而创作出的。这条小路沿着清澈的小溪在森林中蜿蜒前进，漫步在其上的游人能够聆听到清脆的鸟鸣虫叫，不时吹过的微风让人感到舒畅无比，道路的尽头是一个小型广场，那里竖立有贝多芬的半身塑像。

🚌 乘38A路公共汽车在Armbrustergasse站下

🚌 乘364、365路公交车可到　💴 9欧元

4 地底湖
奇妙的洞中湖 ★★★★★ 赏

地底湖位于维也纳森林中的Hinterbruhl地区，它是欧洲最大的地底湖，也是奥地利著名的自然景观。这个湖泊位于地下60米处，面积达6200平方米，最深处达12米，它原本是一个采矿隧道，后来因洪水泛滥的缘故成为地底湖。这个地底湖内还有一座地下水发电厂，游人乘坐的船只全部是由该电厂提供的能量所驱动的。

5 梅耶林

哈布斯堡王朝的狩猎场

★★★★ 赏

✉ Zisterzienserrabtei Stift Heiligenkreuz, A-2532 Heiligenkreuz im Wienerwald
¥ 6.6欧元

　　梅耶林是哈布斯堡王朝的狩猎场，那里林木葱茏，景色优美，还有各种小动物出没其间。这里还是奥地利皇室的伤心地，1889年当时的奥匈帝国皇储鲁道夫因为政治纠纷和爱情失意的缘故在此自杀。这里现在竖立着一座高大的哥特式教堂，它极具视觉感染力，有着庄严肃穆的色彩，是作为父亲的约瑟夫皇帝纪念自己儿子的地方。

6 西多会修道院

景色优美的修道院

★★★★★ 赏

　　西多会修道院是奥地利著名的修道院之一，它的历史可以追溯到遥远的中世纪，有着鲜明的时代风格。这座建筑的主体造型有着华丽的勃艮第特色，它既有古罗马式的高大圆柱，又有哥特式的雄伟尖塔，并将这两种建筑风格巧妙地融为一体，并营造出美轮美奂的感觉。庭院里的三位一体尖塔是这里的标志性景观，它的造型华美，让人赞叹不已。

🚌 乘38A路公共汽车在Armbrustergasse站下 📞 01-375408 ¥ 2欧元

❀ 葬礼礼拜堂
华丽的殿堂

　　葬礼礼拜堂原本是修道士们进行谈话聚会的场所，后来则成为安放将要下葬的教士的房间，这间房屋虽然有着华丽的装饰，却弥漫着庄严肃穆的气息，令人感慨不已。

❀ 集会厅
修道院里最大的殿堂

　　集会厅是巴登堡家族的墓葬地，现在则是修道士集会聆听教义的地方，同时还是他们选举院长和欢迎新来教士的场所。这个大厅的装饰豪华典雅，并营造出寂静肃穆的氛围。

❀ 喷泉屋
景色优美的小屋

　　喷泉屋是一座哥特式建筑，那里有着颜色绚丽的彩绘玻璃窗，屋内的喷泉是教士们进行清洁的地方，它使用了附近的富含矿物质的地下水，因此留下了许多造型独特的沉淀物。

7 阿格斯坦城堡
流传着神奇传说的城堡

★★★★ 赏

✉ A-3642 Aggsbach Dorf ☎ 02-7538228 转1

　　在游船上你就可以远远望见这座位于海拔300米山丘上的城堡。这是一座经常出现在中世纪吟游诗人篇章中的古堡。关于它有很多有趣的故事传说，相传中世纪的盗贼就曾在此处岸边用链条拦截多瑙河，用以拦劫过往船只。

8 多瑙河 (75分!)

蓝色的多瑙河 ★★★★★ 赏

乘 维也纳法兰兹—约瑟夫乘火车在多瑙河谷下
02-7133006060（多瑙河瓦豪河谷旅游中心）

奔流不息的多瑙河穿过维也纳，它的两岸景区众多，各种景色一应俱全，既有质朴的自然风光，又有繁华的都市风情。游人们可以乘坐轮船游览瓦豪河谷，那里既有令人赞叹不已的秀美河谷，又有典雅大方的各种古堡。位于河岸边的克雷姆斯、杜伦斯坦等小镇各有自己的独到之处，吸引着游人的目光。

❀ DDSG瓦豪河谷

多瑙河的游河之旅

瓦豪河谷是梅尔克到克雷姆斯之间的一段30千米的多瑙河流域，已被联合国教科文组织列入世界文化遗产之列。仰望着远山之间的古堡和小镇，有着画一般的意境，诗一般的心情，能让游人沉浸在天地间的华美景色之中。

❀ 克雷姆斯

以葡萄酒闻名的小镇

如果说葡萄酒被称为"有生命的液体"，那么克雷姆斯就是一座充满生命活力的小镇。坐落在一片葡萄园里的克雷姆斯，是奥地利最古老的城镇，这里也有奥地利最好的葡萄酒庄。市政厅西面的教堂建筑是一座葡萄酒博物馆，诉说着当地葡萄酒酿造的过去与现在。

9 梅尔克修道院 (90分!)

奥地利最著名的修道院

★★★★★ 赏

　　梅尔克修道院是奥地利境内历史最悠久的修道院之一，它的建筑雄伟华丽，是基督教建筑中的典范。金碧辉煌的大理石厅里有着众多精美的壁画，阳台则是欣赏高大的哥特式双塔的好地方，这里的图书馆里收藏着众多珍贵的图书。教堂是整座修道院的核心，它的华美之处令人惊叹不已。

🚋 维也纳法兰兹—约瑟夫乘火车在多瑙河谷下
📞 02-7133006060（多瑙河瓦豪河谷旅游中心）

🌸 大理石厅

华美典雅的殿堂

　　大理石厅是梅尔克修道院的主要景点，那里的装饰富有巴洛克式风格，有着富丽堂皇的氛围，其顶部描绘着精美的画作。这座大厅内的门框和墙面全部是由大理石制作的，故得此名。

🌸 图书馆

古老的图书馆

　　图书馆是这里的主要景观之一，那里收藏着10万余册书籍，其中既有古老的羊皮卷，又有中世纪的孤本和珍贵的手抄本，屋内的壁画颜色绚丽，极富艺术魅力。

🌸 梅尔克教堂

华美的巴洛克式教堂

　　梅尔克教堂是华美的巴洛克式建筑，它的造型富丽堂皇，洋溢着华美的风情，被人誉为多瑙河畔最为精美的建筑物，其内部装饰典雅大方，精美的壁画和华丽的雕塑令人叹为观止。

奥地利

攻略 HOW WOW

奥地利攻略 AUSTRIA HOW

奥地利·萨尔茨堡

古老的萨尔茨堡是中欧最早的城市之一，奔腾不息的萨尔察赫河从这流过，左右两岸会聚了众多的华美建筑，漫步在市区内的游人还能参观在电影《音乐之声》中出现的众多场景。

奥地利·萨尔茨堡 特别看点！

第1名！
萨尔茨堡城堡！

100分！

★ 欧洲中部最大的城堡！

第2名！
主教府邸！

90分！

★ 历代萨尔茨堡大主教的居所，奢华的巴洛克建筑！

第3名！
圣彼得修道院！

75分！

★ 和莫扎特渊源很深的修道院！

---

1 萨尔茨堡城堡 (100分！) 赏

欧洲中部最大的城堡 ★★★★★

　　萨尔茨堡城堡坐落于城内的僧侣山上，这里是1077年由当地大住教主持修建的，数百年中一直都是萨尔茨堡重要的防御设施，同时这里也是欧洲中部最大的一座城堡。如今，这里依然保持了16世纪改建后的样子，内部的装饰极其华丽，复杂的哥特式木雕和装饰画都被布置在黄金大厅和黄金会所内，让人眼花缭乱。在这里还有一只狮子脚踩着甜菜的雕塑，这就是这座城堡的标志。

✉ Monchsberg 34 5020 Salzburg　🚃 Kapitelplatz 乘缆车可到　☎ 0662-842430　¥ 10.5欧元

2 主教府邸 （90分！）

历代萨尔茨堡大主教的居所 ★★★★★ 赏

主教府邸是历代萨尔茨堡大主教居住的地方，至今已经有900多年的历史。如今现存的建筑都是16世纪修建的。这座城堡一般的住宅规模极大，拥有180多个房间，其中带有很浓厚的巴洛克风格。在各个房间里都装饰了精美的壁画等，其豪华程度堪比王宫。其中的会议厅是童年时的莫扎特为贵族们演奏乐曲的地方，画廊里还能看到从16世纪开始的欧洲地图，相当值得一看。

✉ Residenzplatz 1,5020 Salzburg
☎ 0662-80422690 ¥ 8.5欧元

大钟楼

造型独特的钟楼

大钟楼是萨尔茨堡大教堂的标志性景观之一，它由35座造型各异、大小不一的座钟组成，每天7时、11时和18时会准时敲响，悠扬响亮的钟声届时会回荡在萨尔茨堡的上空，无论你身在何处都会侧耳倾听这天籁之音。

3 萨尔茨堡大教堂

萨尔茨堡最大的教堂 ★★★★★ 赏

萨尔茨堡大教堂是这个城市里最大的教堂，这座教堂最早可以追溯到公元8世纪，是当时天主教的中心之一。不过最古老的教堂在16世纪就已经被大火焚毁，如今遗留下来的是1628年重建建筑的主体部分。这座教堂以其雄伟的立面和巨大的穹顶屋顶体现了阿尔卑斯山脉一侧那早期的巴洛克风格。在教堂正殿里矗立着4座精美的雕塑，分别是圣徒保罗和彼得，以及这里的守护神圣徒鲁佩特和维吉尔。

✉ Domplatz, 5020 Salzburg
☎ 0662-80477950

4 方济各教堂

历史悠久的教堂

★★★★ 赏

✉ Franziskangasse 5，5020 Salzburg ☎ 0662-843629

　　方济各大教堂始建于11世纪，并混合了多种建筑风格，并巧妙地融为一体，无论是罗马式的雄伟大门，还是哥特式的高大尖塔和巴洛克式的华美祭坛，它们都令人赞叹不已。漫步在教堂内部，可以看到无数高耸的肋形立柱与飞拱，它们极具视觉感染力，斑斓的瑰丽色彩将这里装点得精美绝伦，高大典雅的拱形回廊、丰富多样的飞拱是这座教堂中最精彩之处。

5 音乐节大厅

萨尔茨堡最重要的表演剧场

★★★★★ 娱

　　音乐节大厅位于萨尔茨堡的旧城区内，是由昔日的马术学校改建而来的，并在1960时得到了扩建，是这个古老城区内建筑时间最短的楼宇。这座剧场只在举行萨尔茨堡音乐节和莫扎特音乐节时对外开放，游客们也能在这个时候体验到这个知名音乐厅的不凡之处。音乐节大厅内的莫扎特音乐厅是为了纪念这位伟大音乐家而开辟的。

✉ Postfach 140，5010 Salzburg ¥ 5欧元

✿ 大音乐厅

设备先进的音乐厅

　　大音乐厅是这里最大的音乐厅，可以容纳2400名观众同时欣赏演出，里面的舞台和各种设施与著名的维也纳国家音乐厅完全相同，因此经常有相同的表演在这两地上演。音乐厅的入口处还用拉丁文书写着铭牌。

✿ 音乐厅

装饰豪华的音乐厅

　　音乐厅是音乐节大厅中较为常用的一个表演场所，那里可以容纳1320名观众欣赏各种演出。这是一座露天剧场，是由古老的采石场改建而来的，迄今已有300多年的历史，后方的岩壁装饰华美，是这里的标志性景观。

6 圣彼得修道院 75分!

和莫扎特渊源很深的修道院 ★★★★★ 赏

圣彼得修道院是一座年代颇为久远的修道院，这里原本规模很小，经过不断的发展才成为现在这个样子。修道院里各个时期扩建的痕迹很明显，风格有很大的差别，不过这也成为这里最大的看点。在修道院的天花板上绘有精美的宗教壁画，具有浓厚的艺术气息。此外，这里和莫扎特也有很深的关系，除了他姐姐安葬在这里以外，每到莫扎特的忌日，这里都会演奏《安魂曲》来纪念这位伟大的天才。

✉ St Peter Bezirk 1/2, 5020 Salzburg
☎ 0662-844576

7 蒙德湖婚礼教堂

景色优美的教堂 ★★★★★ 赏

蒙德湖婚礼教堂位于风景优美的蒙德湖畔，有着优美典雅的造型，并洋溢着浪漫的气息。这座教堂在电影《音乐之声》中是男女主人公举行结婚仪式的场所，因而成为影迷心目中的结婚圣地。蒙德湖婚礼教堂是一座古老的哥特式教堂，两侧的高塔彼此对称，它的建筑历史可以追溯到公元8世纪，在当地教徒心目中有着很高的地位。

✉ Marktplatz 14, 5310 Mondsee, East Salzburg ☎ 0632-220321

8 莫扎特出生地

一代音乐天才的故居 ★★★★ 赏

✉ Getreidegasse 9, 5020
Salzburg 📞0662-844313
💴6.5欧元

　　1756年1月27日，一代
音乐天才莫扎特就诞生在萨
尔茨堡盖特莱德街9号的一
座6层楼房里，这里就是如
今的莫扎特故居所在地。早
在1917年，这里就作为纪念
莫扎特的博物馆开放，至今
已经有近100年的历史了。莫扎特一家住的四楼是一处三间房间相连的住宅，还保持着莫扎特
一家人住在这里时的样子，莫扎特小时候使用过的乐器也被完好地挂在墙上，仿佛还在向人们
诉说这位天才少年的过往历史。

9 莫扎特故居

莫扎特青少年时代居住的地方 ★★★★★ 赏

　　莫扎特故居是这位大音乐家在
1773—1780年间担任萨尔茨堡主教乐师
时居住的地方，他们全家人住在这座楼
房的二楼上。这座古屋虽然在"二战"
中被炸毁，但得到了完美的重建，而且
屋内的陈设也恢复了莫扎特居住时的原
样。来到故居内可以看到反映莫扎特在
萨尔茨堡居住生活的图片资料，还有他
生平事迹的简介。

✉ Makrtplatz8, 5020 Salzburg 📞0662-844313
💴6.5欧元

10 莫扎特纪念馆

纪念大音乐家的展馆　★★★ 赏

莫扎特纪念馆是萨尔茨堡最好的人物纪念馆，也是国际莫扎特基金会的大本营，该基金会建于1880年，是当地市民为了保护与莫扎特相关的史料文物而组织的，并且经常举办莫扎特作品音乐会。来到这个博物馆里可以了解到这位大音乐家的生平事迹，参观他曾经使用过的物品和遗留下来的珍贵手稿。

✉Schwarzstraße26 ，A-5020 Salzburg ☎0662-88940

11 海布伦宫

充满恶作剧的宫殿　★★★★★ 赏

海布伦宫就位于萨尔茨堡附近，这里是当时的大主教西提库斯下令修建的。虽然大主教本人年龄很大了，但是他是一个极富童趣和喜欢恶作剧的人。在他修建的宫殿里到处都是戏弄人的陷阱，他在这里的雕塑中安装了喷水装置，来访的客人一不小心就会被弄得浑身湿透。即使是现在，在海布伦宫门口还有注意喷水的告示牌。在这座充满童趣的宫殿里，每个人都变得小心翼翼的，不过只有主教的座位是永远不会被弄湿的，这里也成了人们"避难"的场所。

✉Furstenweg 37， 5020 Salzburg 🚌乘25号公共汽车可到 ☎0662-820372 ¥8.5欧元

✿ 喷泉

海布伦宫的主要景观

海布伦宫的喷泉种类繁多，造型精美，它们将各座殿堂衬托得更加华美典雅，不时喷发的水柱，令游客惊叹不已。这里的喷泉还能用水流模仿出清脆的鸟鸣声，又能在洞穴中模仿出下雨的情景。

12 米拉贝尔宫

《音乐之声》的著名场景

★★★★★ 赏

Mirabellplatz 5020 Salzburg
0662-80722344

米拉贝尔宫是萨尔茨堡最著名的名胜之一，这是一座仿照法国和意大利等地的王宫所修建的宫殿，具有浓郁的巴洛克风格。宫殿连同它身前的花园一起构成了一个童话般的世界，这里汇集了罗马雕塑、喷泉、花园、迷宫等要素，一年四季美不胜收。著名的电影《音乐之声》就曾经在这里取景，使得这座宫殿成为人们争相前来的热门景点。

大理石室

金碧辉煌的殿堂

大理石室是米拉贝尔宫的核心景点，这里曾是大音乐家莫扎特演奏的场所，现在成为萨尔茨堡最受欢迎的结婚仪式举行场所。这座殿堂有着华丽的巴洛克式装饰，整体造型典雅大方，给人以富丽堂皇的感觉。

米拉贝尔花园

景色优美的花园

米拉贝尔花园是一个景色优美的花园，这里既有罗马风格的雕塑，又有巴洛克式的精美喷泉，修剪整齐的树木花草宛如迷宫一般，高大的铁门有着雄伟庄严的气势。这座花园曾在电影《音乐之声》中出现，给观众们留下了深刻的印象。

13 木偶剧场

举行戏剧表演的场所

★★★★ 娱

SchwarzaBe24，A-5020 Salzburg
0662-872406

　　木偶剧场是萨尔茨堡最好的表演剧场之一，它自1913年创立以来，就深受当地市民和外地游客的欢迎。这里表演的是自文艺复兴时期风靡全欧洲的木偶戏，是以莫扎特的歌剧为主要表演节目，其中以《魔笛》最受欢迎。该剧场也与时俱进，现在还能经常上演英文版《音乐之声》等曲目，同样大受好评。

14 侬山修道院

位于萨尔茨堡市郊的修道院

★★★★ 赏

　　侬山修道院位于萨尔茨堡旧城区外的小山之上，始建于714年，它是萨尔茨堡现存建筑中历史最为悠久的一座。这座修道院是著名的《音乐之声》之旅中的第五站，它是故事的原型女主人翁青少年时期居住的修道院，更是她和上校结婚的地方，在电影中不仅是孩子们找回玛丽亚的场所，还是片尾中他们全家逃脱纳粹的魔爪的地方。

Rudolfskai 28, 5020 Salzburg　0662-848571

奥地利攻略 HOW

奥地利攻略 AUSTRIA HOW

奥地利·因斯布鲁克

因斯布鲁克是一座位于山谷中的小城，四周环绕着白雪皑皑的阿尔卑斯山，并被装点得美丽无比，如同人间仙境一般。

奥地利·因斯布鲁克 特别看点！

第1名！
金屋顶！

100分！

★因斯布鲁克的标志性景观，金光闪闪的建筑！

第2名！
霍夫堡皇宫！

90分！

★哈布斯堡皇家的宫殿，美丽豪华的建筑！

第3名！
圣雅各圆顶大教堂！

75分！

★因斯布鲁克最著名的教堂，装饰精美的殿堂！

---

1 金屋顶 （100分！）

因斯布鲁克的标志性景观 ★★★★★ 赏

金屋顶是一座华美的哥特式建筑，它是纪念神圣罗马帝国的马克西米利安皇帝与妻子毕安卡的婚姻而建的，后来则被辟为纪念这位大帝的展馆，珍藏着他的画像，以及盔甲、勋章和首饰等文物。二楼的阳台上雕刻着神圣罗马帝国以及之后的奥地利、匈牙利的国徽。三楼的阳台上则是马克西米利安皇帝及其两任妻子的塑像。

✉Herzog-Friedrich-Straße 15, 6010 Innsbruck ☎0512-581111 ¥13.8欧元

奥地利·因斯布鲁克

❀ 黑柏林屋
古老的哥特式房屋

黑柏林屋位于金屋顶的斜对面，是一座建于15世纪的房屋，并在17世纪时添加了华美的巴洛克式装饰，它造型典雅大方，又洋溢着富丽堂皇的气息，十分华丽醒目。

❀ 哈布之屋
描绘着精美图案的房屋

哈布之屋毗邻着黑柏林屋，它的独特之处在于其正面上描绘着许多与因斯布鲁克历史相关的人物，其中既有手握黑鹰的马克西米利安大帝，又有位于左下角的神情威严的鲁道夫四世，右下角的腓特烈四世。

② 霍夫堡皇宫 （90分！）
哈布斯堡皇家的宫殿 ★★★★★ 赏

霍夫堡皇宫是一座位于因斯布鲁克的宫殿，和维也纳的哈布斯堡王宫霍夫堡宫同名。不过这座宫殿却是在1460年由当时的大公希格蒙特所建的。这里气势恢弘，美丽豪华，洛可可式的外观配上绚丽的圆形大屋顶和壁画，真是一派皇家风范。尤其是在宫殿内的巨人厅墙上有一大片镶嵌有各色瓷器的镶嵌板，是这座宫殿最引人注目的地方。

📧6020 Innsbruck Rennweg 1 🚃乘电车1号线在Museumstraße站下 📞0512-587186 ¥5.5欧元

❀ 巨人厅

神圣罗马帝国王室成员的画像

巨人厅内收藏着多幅哈布斯堡王室成员的画像，其中最著名的当数特蕾莎女皇及其丈夫、长子的连续画像。这些画像中的人物栩栩如生，又能通过细微的表情，反映出他们的不同性格，是人物绘画艺术中的精品。

❀ Andrea Hofer之房

特蕾莎女皇的接见殿堂

Andrea Hofer之房中央是一座华美的皇座，它是特蕾莎女皇接见臣子和来宾时安坐的地方。这间殿堂的装饰豪华，洋溢着富丽堂皇的气息，其左侧墙壁上还悬挂着受人尊敬的茜茜公主的画像。

3 皇宫教堂

哈布斯堡的家族教堂 ★★★★★ 赏

皇宫教堂就位于霍夫堡皇宫附近，这里是哈布斯堡的家族教堂，是皇帝斐迪南一世为了达成他的祖父马克西米利安一世的遗愿而修建的。在光线明媚的教堂正中安放着一口样式精美的石棺，这就是马克西米利安一世的棺木，在石棺周围围绕着40多座铜像，这些都是哈布斯堡家族的人，每一具铜像的造型都极为精致，连衣服上的佩饰都刻画精致，极具艺术感。

✉ 6020 Innsbruck Universitatstraße 2
🚃 乘电车1号线在Museumstraße站下
📞 0512-58489510　¥ 8欧元

❀ 铜像

气势雄伟的铜像

铜像原本是马克西米利安皇帝为自己的墓地所建造的守护神像，它们高2米，历经80年才建造了40座。这些铜像环绕着华美的大理石棺，其形象分别取材于马克西米利安皇帝及其家族成员。

4 城市塔楼
气势雄伟的高塔 ★★★ 赏

　　城市塔楼是因斯布鲁克的地标式建筑之一，它建于1440年，在很长的一段时期内都是该城的制高点。这座高塔是这座城市的火灾警戒塔，顶部绿色洋葱形圆顶造型华美，令人过目难忘。登上高塔的瞭望台可以俯瞰因斯布鲁克的华美风光，那一座座造型精美的古老房屋尽收眼底。

✉Herzog-Friedrich-Straße 21,6010 Innsbruck ☎0512-561500

5 修道院展览馆
色彩鲜明的展览馆 ★★★★ 赏

✉Klostergrasse 7, A-6020 Innsbruck
🚍乘1、6号观光巴士可到 ☎0512-583048

　　这座展览馆原先是古老的普莱蒙特教团在17世纪修建的修道院。这是一座具有传统巴洛克风格的建筑，用色对比强烈，尤其是外观使用红黄两色搭配，十分引人注目。修道院内部也是装修华丽，正中的祭坛使用上等的黑色桧木制成，和上面的白色浮雕形成强烈的反差，四边用金色镶嵌，十分精美。每个来到这里的人都会被这里大胆的用色所折服，赞叹不已。

6 铸钟博物馆
因斯布鲁克最具特色的展馆 ★★★★ 赏

✉Leopold Straße 53, A-6010 Innsbruck 🚍乘坐1、6路电车和K、S、J路公共汽车可达 ☎0512-594160 ¥4.5欧元

　　铸钟业曾是因斯布鲁克的主要产业之一，在中世纪时尤为兴盛，所以就开辟了这座博物馆用于纪念。漫步在博物馆中可以了解欧洲铸钟业的发展历史，还有当地铸钟业的特色，有兴趣的游客可以在此了解古代钟表的制作全过程。这家博物馆的主人一直从事铸钟业，至今仍为城内的钟楼进行调音。

7 安娜柱&凯旋门

因斯布鲁克的著名景观

★★★★★ 赏

安娜柱是一座华美的巴洛克式纪念碑，它建于1704年，是为了纪念前一年击退巴伐利亚公国的入侵而建的，柱下部刻有圣母、圣安娜和当地保护神的雕像。位于对面的凯旋门虽然没有雄伟壮观的气势，但是造型华美，并雕刻有精美的图案和塑像。它的南面描绘了欢快的婚礼，北面则是哀伤的葬礼。

✉ Maria Theresia Straße大街

8 圣雅各圆顶大教堂

因斯布鲁克最著名的教堂

75分! ★★★★★ 赏

✉ Domplatz A-6020 Innsbruck 🚃乘1、3号电车在金屋顶站下 ☎0512-583902

圣雅各圆顶大教堂是因斯布鲁克最著名的教堂之一，它的身下原本是一座哥特式的教堂，后来在1717年改建成为现在的巴洛克风格，教堂左右的两座高塔还能隐约看出这里从前的哥特风貌。教堂内部装潢十分豪华，巨大的穹顶天花板上绘满了以宗教故事为内容的壁画，再加上各种精美无比的装饰，让人觉得身处于一座艺术殿堂之中。

✿ 讲经台

造型华美的宗教设施

讲经台是教职人员进行各种典礼仪式的地方，它的下方雕刻着华美的天使图案，分别代表着信仰、爱与希望。这座讲经台曾在第二次世界大战中被轰为碎片，后运用多种技术手段复原而成，而且上面并未留下什么痕迹，令人啧啧称奇。

✿ 主祭坛

圣雅各大教堂的标志性景观

主祭坛位于圣雅各大教堂的中心处，其上方悬挂着一幅华美的圣母抱圣子图，给人一种安宁祥和的温馨感觉。这张画像的历史与这座教堂同样久远，已经成为此地的标志性景观，也是当地教徒心目中的神圣画像。

天顶壁画
气势雄伟的壁画

　　天顶壁画位于教堂的天花板上，它巧妙地运用了透视画法，使平顶的天花板呈现出了圆顶的视觉效果。整幅画像描绘了圣雅各进行祈祷时的场景，并体现了天主教三位一体的宗教思想，有着很强的宗教感染力。

9 威尔顿教堂
古老的圣母像　★★★★ 赏

　　威尔顿教堂也是因斯布鲁克当地非常著名的一座教堂，从14世纪起，这里就是当地人重要的朝圣地之一。如今人们所见的教堂建筑是在1755年重建的，重建后的教堂成为一座巴洛克风格的建筑，外观采用了红白黄三色作为主色调，就好像一块奶酪蛋糕一样，让人印象十分深刻。而教堂内的圣母塑像是公元6世纪发现的，传说十分灵验，深受各地信徒的崇敬和教会的重视。

📧 Haymongasse 6, A-6020 Innsbruck
🚌 乘1、6号观光巴士可到　📞 0512-583385

10 州议会大厦
华美的巴洛克式建筑　★★★★ 赏

　　州议会大厦是蒂罗尔州市民阶级觉醒后争取政治权利的象征，它建于1725年，是因斯布鲁克这座古城中最为华美的巴洛克式建筑。当时的蒂罗尔议会由手工业者、贵族、教职人员和农民这四个阶级组成，因此建筑内还有代表这四种势力的图案。漫步在议会的殿堂中可以看到华美的装饰和精致典雅的浮雕。

📧 Maria Theresien, A-6020 Innsbruck

11 安博拉斯宫

看斐迪南二世的丰富收藏

★★★★★ 赏

✉ Schlobstraße,20A-6020 Innsbruck
🚍 乘1、6、K号观光巴士可到
☎ 0512-5244802 ¥ 8欧元

安博拉斯宫是由一座中世纪时期的城堡改建而来的，这是由当时的神圣罗马帝国哈布斯堡王朝的皇帝斐迪南二世下令在1565年修建的。这座宫殿非常具有艺术美感，白色的外墙搭配上红色的屋顶和窗檐，显得赏心悦目。走进宫殿，墙上各种美不胜收的壁画和金碧辉煌的装饰让人觉得眼睛都快不够用了。

❀ 西班牙厅

进行音乐演出的大厅

西班牙厅是一座华美的巴洛克式殿堂，它原本是安博拉斯宫的主殿，现在则是进行音乐演出的场所，同时还陈列着历代蒂罗尔大公的画像，是人们了解蒂罗尔与哈布斯堡王朝兴衰的最佳场所。

❀ 吸血鬼原画

德拉库拉的原型画

吸血鬼原画是指中世纪时的瓦拉齐亚公爵Vlad Draculof的画像，这位以残暴著名的历史人物被认为是著名惊悚小说《吸血鬼》的原型，同时也被当做欧洲吸血鬼传奇的鼻祖之一，所以来到这里的游客都会在这里停留。

❀ 肖像画廊

肖像画汇集的地方

肖像画廊处展示了多幅著名历史人物的肖像，其中就包括马克西米利安大帝及其妻子的画像。这些画像的人物形象生动，表情真实，是中世纪肖像画中的精品，值得游客驻足观赏。

12 施华洛世奇水晶世界

各种水晶构成的幻彩世界 ★★★★★ 赏

✉ Kristallweltenstraße 1,A-6112 Wattens 乘 Museumstraße乘巴士在水晶世界下 ☎ 05224-51080 ¥ 9.5欧元

施华洛世奇水晶世界是世界上最大的一座水晶博

物馆，这里向人们展示了水晶这种神奇的矿物质的独特魅力。走进水晶世界的入口，迎面而来的就是一座使用12吨水晶石构筑起来的水晶墙，让人们叹为观止。步入大厅，四周闪闪发光的各种水晶作品让整个大厅都亮了不少，在这里有巨大的十字形黑水晶、三维转换水晶、水晶马鞍、水晶环等，还有一块世界上最大的人工切割水晶。此外，这里的水晶教堂、水晶走廊、水晶剧院等都极为华丽，就像一个神奇的童话世界。

❀ 瓦登巨人

施华洛世奇水晶世界的标志性景观

瓦登巨人位于施华洛世奇水晶世界的入口处，它是一座造型独特的巨大雕像，是这座博物馆的象征，一双明亮眼睛是由水晶打造而成的，会在阳光的照射下绽放出耀眼的光芒，还会随着光线的变化而变化，极具视觉魅力。

❀ 冰通道

景观独特的通道

冰通道是水晶世界里的独特景观，它运用现代化的工艺手段，砌筑出了颇具前卫色彩的切斜墙面，然后巧妙地将光线通过水晶墙面，折射出晶莹剔透的冰雪光辉，让人有种置身于奇异的冰雪世界之中的感觉

❀ 入口大厅

水晶世界的主要展厅

入口大厅展示着一面价值连城的水晶宝藏墙，重达12吨，全部是由天然水晶打造而成的。那里既有一块30万克拉的世界最大的切割水晶，又有一块只有0.00015克拉的微型水晶作为对比，游人们来到此处常会驻足欣赏世界各地大师的水晶艺术杰作。

❀ 水晶森林

水晶世界最具魅力的展厅

水晶森林是水晶世界里最为壮观的展厅，那里的天花板上倒吊着一个个巨大的绿色圆柱，仿佛倒错生长的森林，圆柱的底部是色泽明亮的水晶石，它们是由艺术家们精心设计的视觉奇观，充满着光怪陆离的感觉，极为罕见。

奥地利攻略NOW

奥地利攻略 AUSTRIA HOW

奥地利·格拉茨

　　格拉茨是奥地利的第二大城市，在中世纪时是座声名显赫的城市，迄今仍完好保存着大量当时的古建筑。城市的四周风景优美，获得了"花园城市"的美誉。

奥地利·格拉茨 特别看点！

第1名！
格拉茨旧城区！
100分！

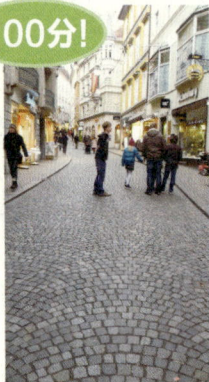

★ 反映格拉茨的历史，浓郁的中世纪风情！

第2名！
格拉茨城堡山！

90分！

★ 俯瞰格拉茨城市风景的山丘，格拉茨的城市标志！

第3名！
穆尔河之岛！

75分！

★ 人工制造的美丽岛屿，格拉茨的生活命脉！

---

1 格拉茨旧城区 （100分！）

反映格拉茨的历史

★★★★★ 逛

✉ Sporgasse&Herrengasse&Hofgass,Graz

　　格拉茨是奥地利的第二大城市，这里拥有悠久的历史和繁盛的文明遗迹。旧城区是这里最具代表性的地方，到处都能见到拥有数百年历史的传统建筑，就好像一座古建筑的博物馆。这些传统建筑里既有普通的民居，又有馆藏丰富的博物馆，可以说它们就代表了这座城市的历史。在这里还有一座城市公园，在公园里有大片的绿地和修复的古城堡等设施，是人们休闲放松的大好去处。

修波巷

洋溢着浪漫风情的街道

修波巷是格拉茨最具浪漫风情的小巷，那里鳞次栉比的楼房上装饰着精美的花纹图案，有的房屋内部则隐藏着别有洞天的庭院天井，例如22号楼就是用穆尔河的河畔卵石砌筑而成的，有着幽静典雅的氛围。

艾格楼房

华美的巴洛克式建筑

艾格楼房是格拉茨旧城区最具特色的楼房之一，始建于1535年，虽然历经风雨的洗礼和翻修，但外墙上的华美图案却一直完好如初。该楼的外墙上用彩泥描绘出华丽而又繁复的图案，值得人们驻足，认真观赏。

绘画房屋

描绘着精美花纹的楼房

绘画房屋是修波巷的主要景观，它们的外墙上装饰着精美的花纹图案，颜色绚丽，造型精美，其中既有取材自基督教神话故事的浮雕，又有描绘格拉茨优美风景的图案。来到这里的游客常常会驻足，把这些优美画、景象用镜头记录下来。

2 穆尔河之岛 （75分!）

人工制造的美丽岛屿 ★★★★★ 赏

穆尔河横穿格拉茨而过，将城市分割成两个部分。这条河流是格拉茨航运、商业、生活的命脉所在，具有重要的地位。在穆尔河上有一座穆尔河之岛，与其说它是岛屿，不如说是一座建筑更为合适，它的主结构以粗细的银色钢管和玻璃交织成网状，两边各有桥梁连接河岸，远远望去就好像一枚巨大的贝壳漂浮在水面上。

城堡山广场旁　中央车站乘3、6号电车可到

3 格拉茨城堡山 （90分！）

俯瞰格拉茨城市风景的山丘 ★★★★★ 赏

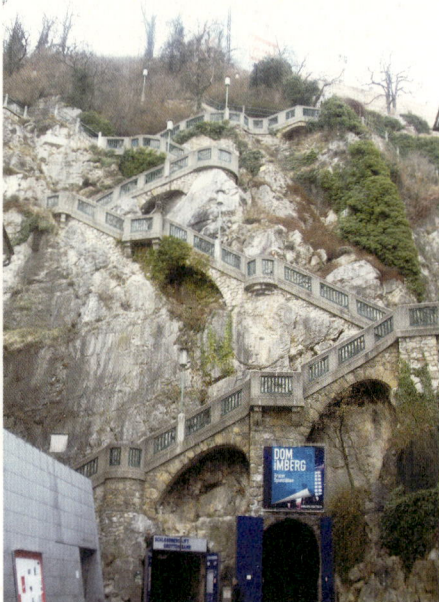

乘 中央车站乘3、6号电车可到　☎0316-88741　¥1.8欧元

格拉茨城堡山是格拉茨旧城区中拔地而起的地标，从这里眺望旧城区的风光是每一个来到格拉茨旅游的游客都不容错过的。城堡山海拔437米，人们可以通过缆车、步行等多种方式来到山顶，山顶上有一座高大的钟楼，至今依然担负着报时的重要责任，可以说就是格拉茨这座城市的象征。除了大钟外，碉堡遗迹和瞭望台都是人气很足的景点。

✿ 时钟塔

古老的钟塔

时钟塔是格拉茨的标志性景观，它建于13世纪，原本是这座城市的瞭望塔，并起着预警的作用。钟塔的大钟全高5.4米，并会在固定的时间响起，届时悠扬的钟声会回荡在格拉茨的城市上空。

✿ Uhrturmschatten
时钟塔的双子楼

Uhrturmschatten是一座与时钟塔外形完全一致的独特景观建筑，是2001年欧洲众多创意建筑中的一座，其独特的造型令人过目难忘，虽然它的建筑时间不长，但在格拉茨市民的心目中却有着重要的地位。

4 郝普特广场
热闹的广场 ★★★★ 逛

郝普特广场是格拉茨的市政广场，它不仅是举行各种游行聚会和重大典礼仪式的地方，还是一个著名的旅游景点。它不仅拥有华美的建筑景观，还是时代的象征和历史的见证。这座广场是由条石铺砌而成的，四周遍布着一座座古朴典雅的建筑，漫步其间的游人们还可以寻找到不同时代的标志性建筑物。

✉Hauptplatz 乘中央车站乘3、6号电车可到

✿ 约翰大公喷泉
华美的巴洛克式喷泉

约翰大公喷泉是为了纪念为格拉茨作出重大贡献的约翰大公而建的，它的造型精美，基座的底部镶嵌着精美的浮雕。这座喷泉在炎炎的夏日给人带来清凉的感觉，也是街头艺术家们进行各种表演的场所，而孩子们则会在此玩耍嬉闹。

✿ 音乐钟广场
格拉茨的著名广场

音乐钟广场是格拉茨最具浪漫气息的广场，四周遍布着小酒馆和餐馆，游人们在这里可以品尝正宗的格拉茨美食。尤其是音乐钟下方的啤酒屋提供价廉物美的美食和啤酒、饮料，因而深受当地民众和游客们的欢迎。

5 省政厅

文艺复兴式的华美大楼 ★★★★★ 赏

省政厅是格拉茨近代建筑的代表，它的造型典雅大方，又有着庄严肃穆的气势，素有"奥地利最美的文艺复兴式建筑"之称，是施泰尔马克省的省议会所在地，也是格拉茨的政治中心。这座建筑有着明亮的黄色外墙，庭院的西北角有一处教堂，广场的中间的水井据说是早期议员们取水清洁的地方，其青铜栏杆上雕刻着精美的花纹，中庭里的意大利式圆拱更让人赞叹不已。

🚃 中央车站乘3、6号电车可到

6 阶梯之塔

格拉茨的独特景观 ★★★★ 赏

阶梯之塔原本是中世纪宫殿群中的一部分，后来随着岁月的流逝，只剩下这座拥有双螺旋式楼梯的哥特式高塔。这座由能工巧匠制作的高塔，拥有两个相互交缠的楼梯，无论哪处都可以直达楼顶。而每当阳光射入塔内时，由沙石制成的楼梯就会被渲染出一层华美的金黄色光辉，这种精美绝伦的景观，令人赞叹不已。

🚃 中央车站乘3、6号电车可到

7 大灵庙

格拉茨最华美的宗教建筑 ★★★★★ 赏

Burgasse 2，8010 Graz　0316-821683
4欧元

大灵庙是格拉茨大教堂的附属建筑，它用华美的巴洛克建筑方式再现了古罗马建筑的雄伟气势，因此有着"格拉茨王冠"的美誉。这座建筑建于17世纪，殿堂内外洋溢着富丽堂皇的气息，精致的雕刻和壁画充满着宁静祥和的气氛。大灵庙的内部还安葬着这里的主人腓特烈二世及其妻子。这里的大理石圆柱实际上是由相同色泽的木料制成，如果不是亲手触摸，很难分辨出来。

8 圣巴巴拉教堂

富有现代感的教堂 ★★★★ 赏

圣巴巴拉教堂是格拉茨旧城内看起来并不起眼的一座教堂，这里规模很小，只有区区一间殿堂和一座钟塔，但是教堂外墙上那变化多端的绘画却让人过目难忘。这里的图案更像是不经意间的涂鸦，虽然显得简陋，但是颇具现代艺术感。一旁的钟楼倒是十分显眼，巨大的金顶闪闪发光，登上这座钟楼，可以眺望远处群山连绵的美丽风景，也是一处不为人知的好去处。

格拉茨中央车站乘GKB民营列车在Barnbach小镇下　0316-80750（格拉茨旅游中心）　34欧元

奥地利攻略NOW

奥地利攻略 AUSTRIA HOW

奥地利·其他

奥地利·其他 特别看点！

第1名！
新锡德尔湖国家公园！
100分！

★ 欧洲最大的平原湖，中欧最大的草原湖！

第2名！
史度拜冰河！
90分！

★ 奥地利的阿尔卑斯风情，一年四季欣赏雪景！

第3名！
布鲁茂百水温泉度假饭店！
75分！

★ 格拉茨最著名的度假村，独特造型的走廊！

---

1 弗滕施泰因城堡

弗滕施泰因的标志建筑 ★★★★★ 赏

弗滕施泰因城堡就矗立在小镇弗滕施泰因附近的山坡之上，这是一座13世纪末的建筑，历史上曾经是诸多豪强家族的领地。如今这里已经被扩建成为一座带有侧宫、小礼拜堂和军械库的城堡群落，在这里除了能参观一些拥有很高历史价值的建筑外，还能看到城堡里收藏着的丰富文物，包括中世纪时期的武器、艺术品等。还可以选择在城堡上眺望整个城市风光，也是一种无上的享受。

🔴 Kontaktadresse Burg Forchtenstein,Melinda-Esterhazy-Platz 1,7212 Forchtenstein

🚃 维也纳火车南站乘火车在Wiener Neustadt站下　📞 02626-81212　💴 8欧元

城堡内收藏

精美的珍宝

弗滕施泰因城堡内收藏了很多珍贵的物品，其中包括神圣罗马帝国时期的许多精美宝物，那张由纯银制成的桌子，雕刻着华丽的花纹。这里还有中世纪时期的华丽盔甲、纯金制成的模型等宝物。

2 新锡德尔湖国家公园 （100分!）

欧洲最大的平原湖 ★★★★★ 赏

新锡德尔湖位于奥地利和匈牙利的交界处，并和阿尔卑斯山相交形成一处规模不小的国家公园，其中公园的三分之一位于奥地利境内。这里是欧洲最大的平原湖，同时也是各种动植物的天堂，光在这片湖畔生息着的鸟类就有300多种。而植物也不只有阿尔卑斯山常见的品种，甚至还有一些来自亚洲的树种。在这里人与大自然仿佛融为一体，身心得到了最大的解放。

✉Hauswiese,A-7142 Illmitz 🚌维也纳美泉宫乘巴士在Neusiedl/See站下 📞02175-3442

新锡德尔湖

中欧最大的草原湖

新锡德尔湖烟波浩渺，虽然水浅，但四周芦苇丰茂，是著名的鸟类天堂。每到盛夏时节，来到这里的游客们可以骑车绕湖前行，感受这里的美好风情，乘坐游船则是饱览湖面风光的最佳选择。

观赏候鸟

遮天蔽日的水鸟

新锡德尔湖畔生活着苍鹭、琵鹭等300多种水鸟，它们在这里觅食、嬉戏，各种清脆的鸣叫声不绝于耳。每到鸟群起飞的时候，那种遮天蔽日的景象，极为壮观。

3 莫毕许

景色优美的小镇 ★★★★ 逛

📧 Tourismusinformation Morbiisch

莫毕许是奥匈边界上的小镇，保持着古朴典雅的风情，是著名的旅游景区。这座小镇位于新锡德尔湖畔，有着秀美的自然风光，著名的湖畔剧院也位于此，游人们可以在清新的微风中欣赏气势磅礴的歌剧。街道上的小屋，涂抹着洁白的色彩，屋内的装饰保持着原有的风格。

4 艾森施塔特山顶教堂

交响乐之父海顿的埋骨之所 ★★★★ 赏

山顶教堂位于布尔根兰州的小镇艾森施塔特中的一座山丘之上，这是一座造型古朴庄严的教堂建筑，黄白相间的外观显得优雅无比，在镇中一抬头就能看到教堂，可以说是这里的地标。除此之外，这座教堂和有"交响乐之父"之称的海顿有很深的关系，因为他深爱着这座小镇，所以死后也被安葬在这座教堂之中。教堂里还有不少精美的壁画供人们观赏。

📧 Joseph Haydnplatz 1,A-7000 Eisenstadt
📞 02682-62638 💰 3欧元

5 海顿博物馆

纪念大音乐家的博物馆 ★★★★ 赏

海顿博物馆是纪念被誉为"交响乐之父"的海顿的展馆，是由他的故居改建而来的。这座博物馆用翔实的资料介绍了这位大音乐家的生平事迹，馆内的钢琴及家具都是当时的文物，还有许多展品都是海顿的遗物。海顿博物馆会定期更换展览的主题，能够让参观者了解这位音乐家的各个方面。

📧 Joseph Haydn-Gasse
📞 02682-7193923 💰 3.5欧元

6 埃斯特哈齐宫殿

造型华美的殿堂

★★★★★ 赏

✉ Esterhazy Palace，A-7000 Eisenstadt
📞 02682-7193000 ¥ 6欧元

　　埃斯特哈齐宫殿是奥地利著名的建筑景观，它始建于17世纪，原本是座山间堡垒，后在18世纪末被改建成为一座华美的殿堂。这座宫殿以新古典主义风格为主体，又有巴洛克式的精美装饰，许多房间还恢复了原有的陈设，能够让人感受近代奥地利贵族的奢靡风情。

✿ 海顿厅

音乐家海顿演奏的大厅

　　海顿厅是音乐家海顿演奏的场所，他的许多作品都是在这里首次公开演出的。大厅共有1000个座位，天花板和四周的墙壁上彩绘了华美的图案，有着富丽堂皇的气息。

7 渔夫教堂

造型精美的教堂

★★★★ 赏

　　渔夫教堂位于鲁斯特市市中心，是一座精致的哥特式教堂，它始建于13世纪，虽然历经岁月的洗礼，但依然保持着旧有的容颜。这座教堂的地板颇为独特，它是用凸凹不平的石块铺砌而成的，华美的祭坛旁边是一架购于1705年的管风琴，四周的墙壁上描绘着精美的壁画。

¥ 1欧元

8 史度拜冰河 （90分!）
奥地利的滑雪胜地 ★★★★★ 赏

史度拜冰河地处阿尔卑斯山，早在16世纪，这里就是王公贵族所青睐的度假避暑胜地，一年四季都可以欣赏阿尔卑斯山顶永不融化的美丽雪景。除了滑雪度假外，这里还吸引了众多登山爱好者的光顾。

Tirol 乘 因斯布鲁克火车站乘直达巴士可到
05226-141（旅游咨询）

蒂罗尔之顶
终年积雪的美丽高山

蒂罗尔之顶是蒂罗尔最高的山峰，海拔3165米，不过山势虽然高，交通却十分方便。在这里架设有缆车，上山只需4分钟，因此吸引了不少来自各地的游客，他们或上山滑雪，或前往山顶欣赏美丽的雪景，真是一段让人印象深刻的旅程！

冰岩峰餐厅
位于高山之上的餐厅

冰岩峰餐厅共有两家，一家位于缆车站旁边，海拔大约2900米；另一家则是著名的寒鸦峰餐厅，它位于3100米的高山之巅，游客在此可以一边品尝美味的食物，一边欣赏窗外的优美风光。

9 布鲁茂百水温泉度假饭店 [75分!]

格拉茨最著名的度假村

★★★★★ 住

布鲁茂百水温泉度假饭店是格拉茨最著名的度假村，在这里拥有很多家饭店和旅馆，是人们假日休闲旅游的好去处。这里的饭店大多外观新颖，通过各种奇妙的色彩展现出一个如梦似幻的世界。这些饭店内部也十分有特色，甚至连地板都不是平的，墙上更是画有各种千奇百怪的图案，反倒让人生出一种好奇感。正是这种奇思妙想使得这里成为游人如织的繁华旅游胜地，每年都有不少客人来这里参观或是泡温泉。

✉ Bad-Blumau 100,A-8283
🚍 布鲁茂火车站乘酒店班车可到
☎ 03383-5100808

❀ Waldhofhauser公寓

公寓式的酒店建筑

Waldhofhauser公寓是来到温泉度假饭店进行休憩的游人们居住的地方，那里的环境良好，既有露天庭院，又有各种精美的装饰。屋内的房间有着舒适温馨的感觉，客厅还铺上了柔软的地毯。

❀ 走廊

造型独特的走廊

走廊虽然看似平凡，但在酒店的精心设计之下，给人以不一样的感觉，地面上镶嵌着不同材质的石砖，墙壁上的窗户形状颜色各不相同。走廊的对面还描绘着精美的壁画。

❀ 温泉&泳池

供人洗浴的温泉

来到这里的游人们可以在温泉浴池中，尽情地享受温泉水流所带来的舒爽感觉，并获得强身健体的效果。游泳池是广受欢迎的娱乐场所，在清澈的水流中畅游，能够让人身心愉悦。

大赏
捷克

捷克

攻略 HOW

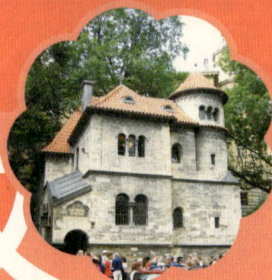

捷克攻略 CZECH HOW

捷克·布拉格旧城区

　　布拉格旧城区是布拉格最早的居民区之一，美丽的伏尔塔瓦河围绕在它四周，以布满美丽的古老建筑而著称，是体验真正的波希米亚风情的绝佳地点，凝聚了布拉格的历史精华。

捷克·布拉格旧城区 特别看点！

第1名！
布拉格旧城广场！
100分！

★ 布拉格最热闹繁华的广场，布拉格市中心标志！

第2名！
蒂恩教堂！
90分！

★ 布拉格的标志性景点，精美的雕饰花纹！

第3名！
布拉格旧市政厅！
75分！

★ 华美典雅的古代建筑，布拉格的标志！

---

1 布拉格旧城广场
100分！ ★★★★★ 逛

布拉格最热闹繁华的广场

📮布拉格旧城区 🚇乘地铁A线在staromestska站出站，或者搭乘地铁B线在namesti Republiky站出站

旧城广场位于布拉格的中心地带，四周景点众多，各种风格的建筑物应有尽有，既有气势宏伟的哥特式教堂，也有华丽的巴洛克式房屋，更不乏文艺复兴式和洛可可式的楼宇，可以算得上是天然的建筑博物馆。这个广场上还有很多摆摊的小贩，他们出售当地的各种手工艺品和旅游纪念品，很受欢迎。

108

胡斯铜像

纪念宗教改革家

布拉格旧城广场中心有一座高大的青铜雕像，这便是为了纪念宗教改革家胡斯反抗教廷而建的，胡斯不满教会权力者的腐化堕落，而四处演讲，最后触怒了教廷而被处以火刑。雕像采用了胡斯演讲时的造型，表情生动，动作有力，极富艺术感。

两只金熊之屋

全城最美的文艺复兴式拱门

这里的名字来自于它正面拱形入口上的两只金熊标志。这座文艺复兴式的建筑早在16世纪曾是一幢哥特式风格的建筑，其拱门之上有号称全城最美的文艺复兴式拱门装饰，绝不容错过。

一分钟之屋

看精美刮画

一分钟之屋是一间名字很奇怪的房子，名字的来由已经难以考证。这里最著名的当数屋内墙壁上的精美刮画，这些刮画制作于17世纪，其内容都是《圣经》及各种古典神话故事，虽然只有单色，但是表现力十足，后来这里还成为卡夫卡一家的住宅。

小广场

卡夫卡小说中的场景

小广场就位于旧城广场附近，在广场中央有一口古井，已经有近500年的历史了。在广场四周则是各式各样的小咖啡馆，卡夫卡在他的小说中就提到过这里，让人感到十分亲切。

商务部大楼

新艺术建筑的代表

这是新艺术建筑的代表作之一。早在19世纪时，这座大楼曾经是一家保险公司，屋顶上有一顶纯金钢盔作为装饰，在两边还有两座雕像，描绘了救灾的消防员和遇难者呼救的场景。

✿ 罗特屋

精美的壁画装饰

罗特屋位于小广场周围，正对着小广场的一口井。这座建筑洋溢着古老的历史氛围，其中墙面上有着很精美的壁画，是19世纪绘画大师阿列斯的手笔，是游客们最主要的目标。

✿ 格拉诺夫斯基宫殿

修道院附设的客房

这座宫殿是从前修道院附设的客房之一，两层楼的建筑建于1560年，内部装饰十分精美。其中最吸引人的当数二楼圆拱形的回廊和墙壁上明暗对照的壁画，其内容多为神话故事，十分精美。

✿ 石羔羊之家

经典的文艺复兴建筑

石羔羊之家是经典的波希米亚文艺复兴式建筑，除了一楼保持有哥特式建筑特有的拱形走廊外，二楼以上都是以经典的文艺复兴建筑形式为基调的，在正门右上方还有精美的牧羊女和独角羔羊的浮雕。

✿ 石圣母之屋

受人崇敬的石圣母像

石圣母之屋建于19世纪，是广场上最漂亮的文艺复兴风格建筑。这里最引人注目的就是它突出的石窗台和墙面上的精美壁画。屋子里有一尊石质圣母像，在黑死病时期被当地人视作护身符。

✿ 葛兹金斯基宫

混搭风格的精美宫殿

葛兹金斯基宫是一座漂亮的洛可可式建筑，它经过了多次的风格转换，因此在内部形成了各种风格混搭的样式。如今这里是布拉格国立美术馆的分馆，珍藏有很多漂亮的工艺品。

✿ 独角兽之屋

给予卡夫卡深远影响的地方

独角兽之屋是一座很具文学色彩的建筑，早在卡夫卡的学生时代，他曾经参加了在这里举办的一次哲学研讨会，当时这座屋子的主人找来一批学生研读黑格尔、康德等人的著作，卡夫卡也在其中。

❀ 金榔头饭店
卡夫卡父亲的产业

金榔头饭店是卡夫卡的父亲所开设的，至今已经有130年的历史，后来卡夫卡也是在这里出生。因此这里作为卡夫卡的故居深受文学爱好者的青睐，经常有人来探访。

❀ 西克斯特屋
卡夫卡的故居之一

这里是卡夫卡一家人在1888到1889年时候的居所，虽然门上刻有"1796"的字样，但是实际上这座建筑已经有800年的历史，经常会有卡夫卡的书迷来到这里，追寻卡夫卡一生的轨迹。

2 布拉格旧市政厅　75分！
华美典雅的古代建筑　★★★★★ 赏

📧Staromestske namesti 1/3 🚍乘地铁A线在staromestska站出站，或者搭乘地铁B线在namesti Republiky站出站 📞724—508584 💴100捷克克朗

旧市政厅是布拉格的标志性建筑之一，也是这座历史名城的象征。旧市政厅最吸引游人目光的是它那近70米高的钟楼，其上方的天文钟有着相当精巧的设计，钟盘上雕刻着蕴涵深意的图案，每到整点报时的时候还会有耶稣12门徒的木偶像进行移动表演。游客们可以乘电梯来到这座钟楼的顶部，俯瞰布拉格的城市风光。

3 圣尼古拉斯教堂
经常举办音乐会的大教堂　★★★★★ 赏

圣尼古拉斯教堂是布拉格重要的宗教中心之一，也是胡斯教派的主要活动地，它的历史悠久，曾多次改拆重建，现在人们看到的是波希米亚式巴洛克建筑的代表作，有着庄重华贵的风范。教堂内部的装饰精美，外墙上的雕像和圆顶壁画都是出自名家之手，有着很高的欣赏价值。

📧Staromestske namesti 1/3 🚍搭乘地铁B线在namesti Republiky站出站 📞724—063723 💴70捷克克朗

圣尼古拉斯教堂还是布拉格著名的音乐会举办地。

4 # 蒂恩教堂 （90分！）

布拉格的标志性景点

★★★★★ 赏

始建于1135年的蒂恩教堂是布拉格旧城广场上最古老的建筑，现在的大教堂主体风格为气势恢弘的哥特式，双塔的高度为80米，其顶部镶嵌着纯金圆棒。游人们走进教堂的内部还能看到华丽的巴洛克式装饰，各种精美的雕像和花纹令人惊叹不已。

✉Celetna 5 🚇乘地铁A线在staromestska站出站，或者搭乘地铁B线在namesti Republiky站出站 ☎222—318186

❀ 蒂恩中庭

蒂恩教堂的重要部分

蒂恩中庭是蒂恩教堂的重要部分，13世纪前后，这里建起了当做外国商旅宿舍使用的房舍。房舍正面面对中庭，从其基座能看出是标准的哥特式造型，而二楼以上则是后来改建的，呈现出文艺复兴式、巴洛克式等多种式样。

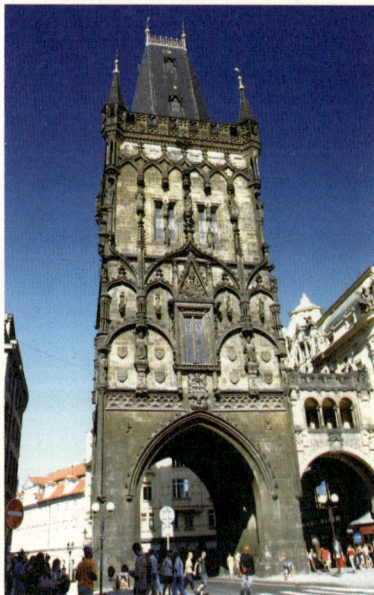

5 # 火药塔

华丽的古代城门

★★★★ 赏

建于11世纪的火药塔是布拉格最重要的城门之一，它不但是贵重物品的出入关卡，也是各种典礼游行的必经之地。这座哥特式的城门造型典雅、气势恢弘，拱门上还有精美的石雕和塑像。来到高塔内部可以看到有关布拉格百塔的图片及模型展览，是了解布拉格建筑特色的好地方。游人们还能登临塔顶，俯瞰周围繁华的城市风光。

🚇乘地铁A线在Staromestska站出站，搭乘地铁B线在namesti Republiky站出站 ☎224—190791

6 市民会馆

布拉格著名的艺术表演场所 ★★★★ 娱

namesti Republiky 5　乘地铁B线在namesti Republiky站下　222—002101　270捷克克朗

市民会馆是布拉格现代建筑的代表作，它有着典雅的风范和华丽的装饰，大门上方的精美壁画出自史毕勒之手，名为《向布拉格致敬》。斯美塔那厅是这里最大的音乐厅，该厅可以容纳1500人，是"布拉格之春"国际音乐节的最主要表演场所，它的设施先进，能让观众得到顶级的音乐享受。市民会馆里还有沙龙、咖啡馆等休闲娱乐场所。

布拉格之春国际音乐节

捷克最著名的音乐节

布拉格之春国际音乐节是捷克最著名的音乐节，它最早始于二战结束后的1946年。音乐节以捷克著名音乐家斯美塔那的忌日为开始，并且以他所写的《我的祖国》一曲为开场，场面十分精彩。

7 查理大学

具有600年历史的大学 ★★★★ 赏

查理大学最早建于14世纪，至今已经有600多年的历史。在它建造的时候正好是布拉格大量兴建高塔形哥特式建筑的时期，因此最初这里的建筑都是以高大的哥特式建筑为主。后来这里的建筑在18世纪又进行了重建，改成了巴洛克式风格。不过由于战争等因素，目前只有一处旧窗台是18世纪的原物，这处窗台石雕精细，采用石砖交替的波希米亚建筑手法，一看就知道是出自大师的手笔。

Ovocnytrh 5　乘地铁A线在Mustek站出站　022-4491850

8 艾斯特剧院

布拉格的新古典主义式建筑的代表 ★★★★ 娱

建于1783年的艾斯特剧院是一座高大的新古典主义式建筑，音乐大师莫扎特在布拉格的第一次演奏就是在这里举行的。这座剧院最醒目的特征是大门处的科林斯式圆柱，它与上方的三角形山墙巧妙地融为一体。走进剧院里可以看到各种精美的装饰，当年莫扎特使用过的部分物品至今仍在发挥着作用。

📧 Ovocnytrh 6　🚇 搭乘地铁A线在Mustek站出站　📞 224—901448

9 克莱门特学院

布拉格历史最悠久的大学 ★★★★ 赏

克莱门特学院是一所宗教大学，它是由信奉天主教的费迪南德一世所建，占地面积广阔，在捷克的宗教史上占有重要地位。这座大学是全封闭式建筑，由高大的围墙所连接起来，漫步其间的游人们可以看到不同时代所建的各种风格的房屋，其中最具吸引力的当数圣萨瓦特教堂。现在的克莱门特学院则被改建为一座大型图书馆，著名作家卡夫卡就曾在这里留下过身影。

📧 Krizovnicka 190　🚇 搭乘地铁A线在Staromestska站出站　📞 222—220879　¥ 220捷克克朗

10 克拉姆葛拉斯宫

布拉格最精美的巴洛克式建筑 ★★★★ 赏

历史悠久的克拉姆葛拉斯宫建于18世纪，它是当时波希米亚的大贵族葛拉斯为自己所建造的宅邸。这座华美的巴洛克式建筑用精美的赫拉克勒斯雕像作为门柱，门框上则雕刻着美丽的花纹和图案，走进宅邸内部还可以看到极具艺术魅力的壁画和各种装饰。现在的克拉姆葛拉斯宫是布拉格的城市档案馆，并对外开放。

✉Husova 20 🚇搭乘地铁A线在Staromestska站出站 ☎236—002019

11 伯利恒教堂

为纪念胡斯而建的礼拜堂 ★★★★ 赏

伯利恒教堂主要是为了纪念敢于和腐败的教廷作斗争而最后牺牲的宗教改革家胡斯而建的。如今的教堂建筑是1950年重建的，不但复原了原来礼拜堂的样貌，而且还在内部画上了以胡斯进行传教演讲为内容的壁画。在这里可以感受到胡斯痛感当时罗马教会的腐败堕落，而决心与之抗争到底，让人们能深入了解这位宗教改革家。

✉Betlemske namesti 255/4 🚇乘地铁B线在Narodni trida站出站 ☎022-4248595

12 卡夫卡故居

著名文学家卡夫卡的出生地 ★★★ 赏

卡夫卡故居是一座看似普通的古老住宅，它建于18世纪早期，1883年7月3日，卡夫卡就出生在二楼的一间小屋中，并在这里度过了最初的人生岁月。现在人们看到的建筑是1902年依原样重建的，它在二战后被辟为纪念卡夫卡的艺术馆。房屋的转角处镶嵌着一个精美的卡夫卡头像，它被誉为最为写实的卡夫卡头像。

✉U radnice 5 🚇搭乘地铁A线在Staromestska站出站

13 鲁道夫音乐厅

布拉格著名的音乐厅

★★★★★ 娱

📧 Alsovo nabrezi 🚇 乘地铁A线在 Staromestska站出站 📞 227—059227

建于19世纪的鲁道夫音乐厅是布拉格著名的新文艺复兴式建筑，有着典雅大方的风格，楼房的顶部还雕刻着精美的花纹。德沃夏克厅是这里的核心音乐厅，它不仅是捷克爱乐乐团的所在地，也是"布拉格之春"音乐会的主要演出地之一，里面的设施完备，能够让听众沉浸在美妙的音乐世界之中。

14 巴黎大街

布拉格的时尚中心

★★★★★ 逛

🚇 乘地铁A线在 Staromestska站出站

巴黎大街是布拉格最时尚、顶级的购物街，它从旧城广场一直通往犹太区，沿街有包括普拉达、LV、迪奥、BOSS等诸多时尚界顶级品牌的商店，绝对是让追求新潮的年轻男女钱包大出血的地方。而在大街进入犹太区的一段中，路两旁增加了很多露天咖啡座，人们可以坐在树荫下喝上一杯咖啡，看着来来往往的俊男靓女，也是一种享受。

15 布拉格犹太区

介绍犹太人的历史

★★★★★ 逛

布拉格犹太区是一处介绍犹太人的历史和反映犹太文化的街区，在这里有很多和犹太人有关的建筑和设施。其中犹太博物馆是全世界收藏犹太艺术品最丰富的博物馆，此外各种犹太教会、犹太市民会馆、犹太墓园等也都是尽显犹太人各种传统文化的去处，特别适合于对历史传奇以及对布拉格犹太传统文化有浓厚兴趣的旅游者。

✉ Ustare skoly 🚇搭乘地铁
A线在Staromestska站出站

犹太博物馆

纪念犹太人的博物馆

犹太博物馆建于1902年，经过100多年的发展，成为全球知名的犹太艺术博物馆。这座博物馆里收藏着波希米亚和摩拉维亚的犹太教文物，同时也记录了这一区域内的犹太人生存发展的历史。犹太博物馆里的所有收藏物都分布在所属的6个犹太教堂中，它们各有侧重点，有兴趣的游客们可以前往观看。

旧犹太墓园

欧洲最大的犹太人墓园

旧犹太墓园是全欧洲最大、保存最完好的犹太人墓园。这座墓园大约建于15世纪，至今内部共有12000多个犹太人墓地。从这些犹太墓碑上可以看到很多符号，象征着各自的家族，其中最著名的要数巴塞维之墓，是这里最华丽的墓地。

大赏
捷克

捷克攻略 HOW

捷克攻略 CZECH HOW

捷克·布拉格其他

捷克·布拉格其他 特别看点！

第1名！
查理大桥！

100分！

★ 捷克最著名的古老大桥，中欧地区曾经最大的桥梁！

第2名！
布拉格城堡！

90分！

★ 古代捷克国王的王宫，布拉格最早的巴洛克建筑！

第3名！
贝辛特山！

75分！

★ 布拉格最大的城市公园，布拉格旧城的制高点！

---

1 查理大桥 （100分！）

捷克最著名的古老大桥 ★★★★★ 赏

🚇搭乘地铁A线在Staromestska站出站
☎224—220569

建于15世纪的查理大桥全长520米，宽10米，是当时中欧地区最大的一座桥梁，至今仍保持着多项纪录。这座大桥的桥身古朴典雅，两侧还有高大的桥头堡，桥面上那斑驳的痕迹则是历史的忠实记录。漫步在查理大桥上可以遥望伏尔塔瓦河两岸的优美风景，游客还能在桥头乘坐游船欣赏布拉格的城市风光。

🌸 伏尔塔瓦河

捷克第一大河

伏尔塔瓦河是捷克第一大河，它发源于波希米亚森林，向北流经南捷克州、中捷克州和首都布拉格。作为捷克的母亲河，一直都被历代艺术家们所咏叹，包括捷克著名交响曲组诗《我的祖国》中，也有描写伏尔塔瓦河景色的段落。

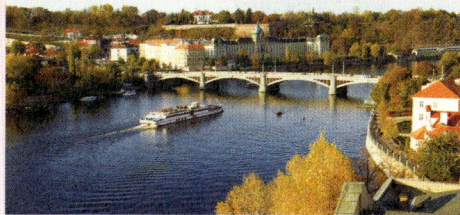

🌸 露天艺术集市

查理大桥的另一个焦点

查理大桥除了建筑本身十分迷人之外，在桥上的各种艺术摊点也是吸引游客的焦点。这里不光有各种摄影作品，还有包括水彩画、油画、素描、儿童插画等绘画作品以及各种金属、宝石饰品等，都是艺术爱好者们不可错过的。

🌸 圣约翰·内波穆克像

能给人带来好运的圣人像

圣约翰·内波穆克是捷克的著名圣徒，他一身正气，和当时大主教不和，后来因为修道院院长选举事件被主教判处死刑。在他死后传说天降异象，后来就被封为圣徒。据说触摸这座塑像右下角的浮雕能带来好运，因此这一部分一直都是锃光瓦亮的。

🌸 小区桥塔

两种风格合一的桥塔

小区桥塔是一座连体双子塔，两座高塔之间夹着一道拱门。这座桥塔建于12世纪，是查理大桥的前身朱迪斯桥的附属建筑。两座高塔，一座为罗马式建筑，一座为哥特式，虽然风格不同，但是相得益彰，和河对岸的旧城桥塔遥遥呼应。

🌸 街头艺人

看艺人们献艺

查理大桥一直都是艺人们最好的舞台，在这里能看到传统的木偶表演，还会有演唱歌剧的美声歌手在桥上献声，更有演奏波希米亚民族音乐的小型乐队在这里演奏，最热闹的时候就好像一场小型的嘉年华会一般。

❀ 旧城区桥塔

眺望查理大桥的全貌

旧城区桥塔也是查理大桥的一部分，桥塔内有上下两层，人们可以顺着里面的阶梯登上塔顶，在这里不光可以眺望查理大桥的全貌，还能将城内百塔林立的壮美景观尽收眼底。此外在桥塔内还有不少精美的艺术品，不容错过。

❀ 圣弗朗西斯雕像

纪念虔诚的传教士

圣弗朗西斯是一名虔诚的传教士，他出生于西班牙，一生在世界各地传教不止。他的足迹踏遍了印度、马来西

亚、新几内亚岛等地，就在他准备前往中国时不幸病逝。如今他的塑像矗立在查理大桥一侧，为人们所敬仰。

2 瓦尔德施泰因宫殿和花园

一代名将华伦斯坦的故居

★★★★★ 赏

华伦斯坦是三十年战争时期的杰出将领，也是捷克历史上最伟大的将领之一，他耗费大量时间和金钱所建的宫殿式建筑就位于布拉格的小区内。这座建筑的气势雄伟，是现在捷克参议院所在地，游客们想参观此地需要预约登记。花园是华伦斯坦宫殿的附属庭院，里面林木葱茏、鲜花盛开，还竖立着多座精美的雕像。

✉ Valdstejnske nam 4   🚇 乘地铁A线在Mslostranska站出站   📞 257—075707

3 小区广场
布拉格的第二大广场
★★★★★ 逛

🚇搭乘地铁A线在Mslostranske namesi站出站

　　小区广场在布拉格的众多广场中是仅次于旧城广场的大型广场，许多知名景点也位于此处。这里不仅是著名的休闲购物景区，也是布拉格的交通中心，通往各景点的有轨电车都在此停靠。漫步在小区广场上可以看到高大雄伟的圣尼古拉教堂，也能欣赏到旧市政厅的各处景观，游人们还能在这品尝当地的风味佳肴。

4 圣托马斯教堂
幽静街区中的精致教堂
★★★★ 赏

✉Josefska 8　🚇乘地铁A线在Malostranska站出站
📞025-7530556

　　圣托马斯教堂位于幽静的列特斯卡街，这是一座结合了文艺复兴典雅风格和巴洛克式尖塔造型的建筑，它的壮美雅致让每个人经过的时候都忍不住要多看几眼。不光是教堂建筑十分漂亮，教堂内也有很多精美的绘画，其中拱顶的画作和雕刻是名家瑞纳和史卡特共同完成的，而祭坛上的油画则是鲁本斯的手笔，这一切都让这里显得更加金碧辉煌。

5 胜利马利亚教堂
捷克最早的巴洛克式教堂 ★★★★ 赏

Karmelitska 9　乘地铁A线在 Mslostranska站出站，乘坐12、20、22、23路电车在Hellichova站下　257—533646

　　建于1613年的胜利马利亚教堂是捷克最早建造的巴洛克式教堂，它是白山战役时，捷克贵族们祈祷胜利的地方。这座教堂的造型宏伟，里面还有各种精美的装饰，而那座半米高的圣婴蜡像则是这里的核心景点。蜡像的衣服被称为圣袍，共有70多件，其中最著名的一件是奥地利女皇特蕾莎一世亲手缝制的。

　　贝特辛山位于布拉格的市中心，山上山下景观众多，是一个集旅游、观光、休闲、娱乐于一体的综合性景区。游客们可以乘坐缆车前往山顶，那里有著名的贝特辛观景塔，还有骑马游园、林木迷宫等有趣的娱乐活动。贝特辛山脚下是林木葱茏的原野，雄伟高大的饥饿之墙就位于公园的南部。

6 贝特辛山 75分!
布拉格最大的城市公园 ★★★★★ 赏

Mslostranske namesi　乘地铁A线在 Mslostranska站出站，乘6、9、12、20等路电车在Ujezd站下　257—534215

❀ 贝特辛观景塔
布拉格老城的制高点之一

贝特辛观景塔建于1891年，是大名鼎鼎的埃菲尔铁塔的缩小版，虽然高度只有60米，但它位于贝特辛山的顶部，是布拉格市的制高点之一。

❀ 饥饿之墙
为了让穷人能出来工作而建造的墙

饥饿之墙位于贝特辛公园南侧，是14世纪时国王查理四世为了让穷人有工作可做而让他们建造的，因为来做工就能不饿肚子，所以这里就被称做"饥饿之墙"，同时这座墙也有防御外敌入侵的重要军事作用。

7 史琼伯恩宫殿

贵族们的住所 ★★★ 赏

在1621年的白山战役后，哈布斯堡家族的贵族们纷纷在布拉格建造宫殿作为自己的住所，其中史琼伯恩宫殿是这当中最引人注目的宫殿之

✉15 Trziste 🚇乘地铁A线在Malostranska站出站

一，这里如今是美国大使馆，并不开放参观，人们只能从外面一看这座建筑的雄伟气势。早在1917年，卡夫卡曾经在这里的2楼租下一套公寓当做住所，也在这里留下过一些著名的作品。

8 斯特拉霍夫修道院

华丽的中世纪图书馆 ★★★★ 赏

斯特拉霍夫修道院位于城堡区的西边，这里保留着一座最华丽的中世纪图书馆。图书馆里共有两间藏书室，依照藏书种类分为哲学室和神学室。人们可以通过参加修道院特别开辟的导游行程进入图书馆参观，在这里两旁的墙壁从地面到屋顶都是用高级木材制成的书架，上面放着各种

✉Strahovske nadvori 1/132 🚇乘地铁A线在Malostranska站出站 📞023-3107730 ¥80捷克克朗

中世纪以来的古书，其价值不可估量。

9 圣维特大教堂

布拉格的标志建筑之一 ★★★★★ 赏

✉Hrad III. nádvoří , 119 00 Praha 🚇乘地铁A线在Malostranska或Hradcanska站出站，乘22路有轨电车到Prazsky hrad站下 📞221-714444

圣维特大教堂是布拉格的地标建筑之一，它在这里已经矗立了700多年，无数建筑师为了它呕心沥血。整座教堂几乎可以说就是历代建筑特色的大展示，各种风格的建筑混杂在这座教堂中，形成了一种独特的混搭风格。此外另一项值得品味的则是教堂内的雕塑，教堂内陈列着21尊圣人塑像，这些作品大多完成于14世纪，都是精美无比的传世杰作。

10 布拉格城堡 （90分！）

古代捷克国王的王宫 ★★★★★ 赏

Prazsky hrad 乘地铁A线在Malostranska或Hradcanska站出站，乘22路有轨电车到Prazsky hrad站下 224—371111 ¥350捷克克朗

布拉格城堡的历史悠久，自9世纪以来就是捷克诸王朝的王宫，也是布拉格的城市象征。马提亚斯城门是城堡的大门，游人可以从这里进入王宫。布拉格城堡画廊里收藏着众多文艺复兴时期的绘画作品，火药塔则是一个以天文学和炼金术为主题的展馆。气势宏伟的旧王宫是历任国王居住的地方，其中以维拉迪斯拉夫大厅最为壮观。

❀ 马提亚斯城门

布拉格最早的巴洛克建筑

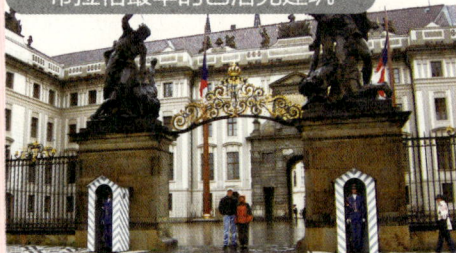

马提亚斯城门位于第一中庭和第二中庭之间，是布拉格最早的巴洛克风格建筑。这座建筑建于鲁道夫二世时期，这位哈布斯堡王朝的皇帝对布拉格这座城市的建筑影响极大，从这座城门就能看出他的艺术品位。

❀ 布拉格城堡画廊

城堡的艺术中心

布拉格城堡画廊是一处由马厩改造而来的画廊，是城堡内的艺术中心，这里收藏了许多古典绘画，最早的可以追溯到16世纪。包括意大利、德国、荷兰等国艺术家的作品，共计4600多幅。

❀ 火药塔

用途多变的高塔

火药塔是城堡用来防御外敌入侵的重要防御工事，后来这里被改为存放火药的地方。到了16世纪，国王让炼金术士居住在这里为他炼制不老之药，18世纪时这里又变为储藏大教堂圣器的地方，可谓命途多舛。

✿ 圣十字教堂

富丽堂皇的洛可可建筑

圣十字教堂完成于哈布斯堡王朝的玛丽亚·特蕾莎在位时期，当时正是洛可可风格盛行的年代，这座教堂也不例外，整体显得富丽堂皇，尤其是祭坛前的十字架和天花板上的壁画更是绚丽。

✿ 旧皇宫

波希米亚国王的住所

一直到16世纪以前，旧皇宫一直都是波希米亚国王的住所，整个皇宫大致可以分为三层，入口进去就是高大的符拉迪斯拉夫大厅，这是皇宫的中心所在，大厅宽大到足以让人骑马在这里射箭。此外皇宫中还有无数美轮美奂的宫殿，让人叹为观止。

✿ 圣乔治教堂

捷克保存最完好的罗马式建筑

圣乔治教堂就位于圣维特大教堂背后，这是捷克保存最完好的罗马式建筑，同时也是布拉格历史第二悠久的教堂。这座教堂除了内部装潢豪华外，还拥有最出色的音响效果，在"布拉格之春"音乐会时这里也是重要的表演场地。

✿ 黄金巷

人气绝顶的小巷

黄金巷是布拉格古堡中最著名的景点，它位于圣乔治教堂和玩具博物馆之间，这里的环境宛如童话故事一般，到处都是欧洲中世纪时的古典房屋。在这里可以看到各种纪念品和工艺品，而且每一家店铺出售的货品还各不相同。

✿ 玩具博物馆

世界第二大玩具博物馆

玩具博物馆位于黄金巷的一端，它的外表看上去一点也不起眼，和周围的房屋毫无二致。但是这里却是世界上第二大玩具博物馆，在馆内收藏着各个时代、各个国家的经典玩具，包罗万象的玩偶是这里最引人注目的收藏。

❀ 达利波塔

旧时的监狱

达利波塔是位于布拉格城堡北边的重要防御要塞，这里也曾被当做监狱来使用，由于被关进来的第一个犯人名叫"达利波"，所以这里就以这名犯人的名字命名了。登上这座高塔，能看到整座城堡的风光。

❀ 圣乔治女修道院

第一座女修道院

圣乔治女修道院是波希米亚地区第一座女修道院，如今这里是捷克的国家艺廊。这里收藏着14到17世纪的捷克艺术作品，包括哥特、文艺复兴和巴洛克等各个时期的绘画作品。

11 史瓦森堡宫

风格独特的宫殿 ★★★★★ 赏

史瓦森堡宫是布拉格较为独特的一座宫殿，它是在16世纪由意大利建筑师所建，因此和周围其他的建筑大不相同。在宫殿的外墙上看上去好像毛糙糙的不平整，但这其实是特殊的视觉效果，十分有趣。如今这里是布拉格的武器博物馆，收藏着各个战役所使用的武器和相关资料，在地下室里还展示着古代审理犯人所使用的各种残酷刑具，让人看了毛骨悚然。

✉ Hradcanske namesti 2　🚇 乘地铁A线在Malostranska站出站
📞 022-4810758　💴 150捷克克朗

12 罗瑞塔教堂

精巧华美的天主教教堂 ★★★★★ 赏

罗瑞塔教堂是布拉格市区最具代表性的天主教建筑，它建于17世纪初，用了120多年的时间才正式完工。钟塔是这里的标志性景点，它每到整点报时的时候就会奏响悦耳的《玛丽娅之歌》，优美的旋律在市区的上空回荡。教堂里面的装饰极为华美，墙壁上镶嵌着精美的雕刻和壁画，陈列室收藏着的宝物令人赞叹不已。

📧Loretanske namesi 7 🚌搭乘22、23路有轨电车到Pohorelec站下 📞220—516407 💴110捷克克朗

13 马丁尼兹宫

各种精美的刮画和壁画 ★★★★ 赏

📧Hradcanske namesti 8 🚌乘地铁A线在Malostranska站出站

马丁尼兹宫是一座精致的文艺复兴式宫殿，宫殿外墙的精美刮画是这里最大的看点，这些刮画的内容有神话人物、花鸟鱼虫，十分精致。而内部面对花园中庭的墙壁上也都布满了各种典雅的装饰。不光如此，在正门入口的墙壁上绘有亚当和夏娃的画像，而进入室内大厅更有精致无比的壁画，不过这里平时并不对外开放，让人觉得十分遗憾。

14 国家博物馆

新城区的标志 ★★★★★ 赏

国家博物馆位于瓦茨拉夫广场南端，这里是布拉格新城区的地标，建于1890年。以新文艺复兴风格的曼妙身姿傲然矗立。博物馆内最主要的收藏是捷克历史上各个时代的历史文物，其中又以各种标本、矿石和化石最为丰富。不过游客们更为青睐这里的宝石收藏，从各种红、蓝宝石到一枚516克拉的大钻石都散发出璀璨的光芒，令人目不暇接。

📧Vaclavske namesti 68 🚌乘地铁A线在Muzeum站出站 📞022-4497111 💴150捷克克朗

15 瓦茨拉夫广场

历史悠久的城市广场

★★★★★ 逛

瓦茨拉夫广场建于14世纪，是布拉格著名的商业中心，也是适合观光休闲的旅游景区。漫步在狭长的广场上，可以欣赏两边不同时代所建造的各种风格的建筑物，也能到路边的商店里购买各种有趣的手工艺品和纪念品。瓦茨拉夫广场上最引人注目的景点当数那座高大的圣瓦茨拉夫雕像，它是捷克人争取独立的象征。

乘 乘地铁A线、B线在Mustek站出站

✿ 圣瓦茨拉夫雕像

纪念传说中的英雄

圣瓦茨拉夫雕像是瓦茨拉夫广场上最醒目的标志，它建于1912年，是为了纪念传说中的波希米亚民族英雄圣瓦茨拉夫而建。雕像中的圣瓦茨拉夫身着铠甲，骑着骏马，显得英武挺拔，威风凛凛。

16 慕夏博物馆

捷克最著名艺术家的作品

★★★★★ 赏

慕夏是捷克最著名的艺术家之一，他对于新艺术的影响相当深远。慕夏作品中最大的特色在于对女性的描绘，他一贯使用长发美女形象，四周辅以树叶、水果、图腾等作为装饰，以自己丰富的创造力形成了"慕夏风格"。在慕夏博物馆中专门收藏慕夏一生中所创作的各类作品，它们分门别类位于五个主要展厅中，是很多现代艺术爱好者的最爱。

✉ Panska 7 乘 乘地铁A线在Mutesk站出站 ☎ 022-4216415 ¥ 120捷克克朗

17 德沃夏克博物馆

最著名的作曲家的作品　★★★★ 赏

　　德沃夏克是捷克最著名的作曲家之一，他的博物馆是一座漂亮的巴洛克式建筑，在这里收藏了德沃夏克平生几乎所有的作品，其中还包括一些他未曾发表过的曲目。在博物馆的二楼还展示了和德沃夏克生平相关的文物，此外这里还设有一个演奏厅，定期都会有音乐会，专门演奏他创作的音乐。此外，在博物馆门口还能买到德沃夏克作品的CD，音乐迷们可不能错过。

- ✉ Ke Karlovu 20　乘 乘地铁B线在I.P.Pavlova站出站
- ☎ 022-4918013　¥ 50捷克克朗

18 国家剧院

捷克民族精神的象征　★★★★★ 娱

　　国家剧院几乎可以说就是捷克国家精神的象征，早在德国统治时期，正是这座剧院树起了捷克人说捷克语、保护捷克文化的旗帜。虽然剧院屡遭毁坏，但是总能迅速地再度重建，好像坚韧不屈的捷克人一次次地奋起一般。这座文艺复兴风格的建筑成为如今布拉格最杰出的经典之作，建造它的艺术家和建筑师都是捷克人，堪称捷克文化的结晶。

- ✉ Narodni 2　乘 乘地铁B线在Narodni trida站出站
- ☎ 022-4901488

大赏
捷克

捷克
攻略
HOW

捷克攻略 CZECH HOW

捷克·捷克布杰约维采

　　捷克布杰约维采是捷克的古城之一，它曾是捷克的商贸中心，现在仍保持着古朴的风貌，风靡全球的百威啤酒的品牌发源地就是这里。

捷克·捷克布杰约维采 特别看点！

第1名！

捷克布杰约维采普杰米斯—欧塔克二世广场！

100分！

★ 古建筑众多的城市广场，以神话为题材的喷泉！

第2名！

弗鲁波卡古堡！

90分！

★ 19世纪仿照英国的温莎城堡而建的新哥特式建筑！

第3名！

圣尼克拉教堂！

75分！

★ 历史悠久的古老教堂，高大的钟塔！

---

1 圣尼克拉教堂 75分！

历史悠久的古老教堂 ★★★★★ 赏

　　圣尼克拉教堂是捷克布杰约维采的知名景点，它始建于14世纪，现在人们看到的建筑是17世纪重建的巴洛克式教堂。这座教堂的造型优雅，各种装饰简洁大方，正门的墙壁上还有三座神龛，里面各有一尊精美的雕像。

✉ U Cerneveze　¥ 30捷克克朗

黑塔

高大的钟塔

黑塔是圣尼克拉教堂的钟塔，位于教堂的斜前方，因为颜色呈深褐色而得名。在这座高塔内安放有大钟，每到整点都会鸣响报时。除了报时外，这里还有监视全城防备火灾的作用。每到圣诞夜及元旦，塔上五口大钟会一起响起，那声音可以传到数里之外。

2 捷克布杰约维采普杰米斯—欧塔克二世广场 100分!

古建筑众多的城市广场 ★★★★★ 逛

📧 Premysl Otakar II Square
🚃 火车站步行15分钟可到

普杰米斯—欧塔克二世广场是捷克布杰约维采老城区最大的广场，它在中世纪是南波希米亚地区最重要的交易市场之一。广场四周的古建筑保存得很好，它们保持了原有的风貌，既有高大的哥特式尖顶，也有充满简洁大方色彩的装饰。广场的中央处有一个大型喷泉，其上方的雕塑造型极为精美。

参孙温泉

以神话为题材的喷泉

参孙喷泉是以神话中的大力士参孙降伏狮子的故事为题材而设计的，由波希米亚著名的石匠和设计师通力合作完成，是捷克目前最大的喷泉。在喷泉中间的塑像就是参孙将狮子骑在身下的造型，让人感觉十分富有活力。而喷泉中的水是来自伏尔塔瓦河，因此终年不息。

3 市政厅

受波希米亚风格影响的巴洛克式建筑　★★★★ 赏

　　市政厅是一座经典的受波希米亚风格影响的巴洛克式建筑，它最明显的特点就是三座圆葱形的青色高塔，而位于屋顶正中的牌坊状起伏的山墙则是标准的波希米亚建筑风格。在屋顶上还并排矗立着四座雕像，分别代表了"公平"、"勇气"、"智慧"、"谨慎"这四种精神。而市政厅内部装潢中最重要的就要数仪式厅屋顶上的壁画，讲述了所罗门王审判的神话故事。

✉ namesti Premysla OtakaraII
¥ 30捷克克朗

4 契斯卡街&旁斯卡街

旧城区最迷人的两条小巷　★★★★ 逛

　　契斯卡街和旁斯卡街是捷克布杰约维采旧城区最迷人的两条小巷，其中契斯卡街也被人们称做波希米亚街，在这里所有的建筑都展现出波希米亚传统风貌，建筑的色彩、墙壁上的绘画装饰、屋顶上山墙的形状都充满了想象力。而位于一边的旁斯卡街又被誉为贵族街，这里没有一丝华丽的装饰，显得宁静而自然，很多纪念品店和酒吧藏身于古老的花园宅院后面，一不小心就会错过。

✉ Ceska&Panska　🚃 火车站出站步行15分钟可到

5 圣母教堂修道院

感受严谨的古典美感 ★★★★ 赏

圣母教堂修道院历经200多年的修建，完工于14世纪，这座修道院以哥特式的简洁与高耸的风格为基调，巨大的圆葱形青色高塔十分显眼。在教堂内有精美的装潢和壁画，其中最醒目的当数右侧翼堂尽头的大型壁画，以鲜艳的色彩和细腻的笔触描述了传说中的圣者的修行生活，呈现出中世纪严谨的古典美感。这些壁画原本被覆盖在墙壁下，后来在整修时才重见天日。

📧 Piaristicke namesti

🚍 火车站出站步行15分钟可到

6 南波希米亚博物馆

介绍南波希米亚地区的历史 ★★★★ 赏

南波希米亚博物馆位于捷克布杰约维采旧城区的外侧，它的对面就是一个绿色公园。这座博物馆主要介绍了捷克布杰约维采以南的南波希米亚地区的历史、地质、动植物生态等方面，不过这里的标志和说明都是捷克文，这让外来游客感到有此不便。这里最有趣的藏品当数南波希米亚地区的服饰、农具及贵族们的装饰品等，每隔一段时间这里的展览主题都会变换，让人怎么都看不厌。

📧 Dukelska 7

📞 038-7929311

弗鲁波卡古堡是一座拥有悠久历史的城堡，它曾几经改修重建，现在人们看到的建筑是19世纪仿照英国的温莎城堡而建的新哥特式建筑。这座城堡的造型典雅大方，城堡内还展出着历代主人所收藏的各种珍宝，其中包括波希米亚的玻璃、意大利的家具和中国的陶瓷等，许多珍贵的原版书籍在这里也能看到。

7 弗鲁波卡古堡 90分!

造型华美的古代城堡 ★★★★★ 赏

📧 Hlubokanad Vltavou 🚍 乘21、104路公共汽车在Pod Kostelem站下 📞 387—843911

💴 140捷克克朗

大赏
捷克

捷克攻略 HOW

捷克攻略 CZECH HOW

捷克·比尔森

比尔森是捷克的工业重镇，历史悠久的斯柯达汽车的创始地就位于这里，但小城最具魅力的却是以"PILSEN"品牌为代表的啤酒。

捷克·比尔森 特别看点！

第1名！
黑死病纪念柱！

100分！

★ 纪念曾经的大瘟疫，比尔森的标志！

第2名！
共和广场&市政厅！

90分！

★ 比尔森最重要的旅游景区，当地最大的广场！

第3名！
圣巴特罗米天主堂！

75分！

★ 捷克的第一高塔！

---

1 共和广场&市政厅 90分！

比尔森最重要的旅游景区

★★★★★ 赏

　　共和广场是比尔森最大的广场，也是这座古城最具魅力的地方，是一个综合性旅游景区。广场四周的建筑大都有着悠久的历史，它们的风格各不相同，但是高度却几乎没有差别，拥有一种独特的美感。市政厅是这里最为华美的建筑，它的主体风格是文艺复兴式的，又有巴洛克式的精美雕塑。

✉ namesti Republiky 41
☎ 378—032550

② 西波希米亚博物馆

记录西波希米亚地区历史的博物馆

★★★★ 赏

　　西波希米亚博物馆是比尔森最著名的展馆，这里不仅展出着各种与这一地区相关的文物和资料，还能看到介绍古代比尔森风情的画作。这里最吸引人的展区是一楼的兵器展示室，那里收藏着自中世纪以来的各种武器，它们大都是上过战场的真品，游客们还可以借此了解到欧洲的武器发展历史。

✉ Kopeckeho sady　📞 377—329380
¥ 20捷克克朗

③ 黑死病纪念柱

(100分!)

纪念曾经的大瘟疫

★★★★★ 赏

　　早在14世纪，比尔森遭受了一场黑死病瘟疫，正在人们陷于水深火热之中的时候，传说圣母玛利亚在这里显圣，使得瘟疫很快就过去了。人们为了感谢圣母，特地在城市中竖起了一座黑死病纪念柱。在纪念柱顶端竖立着一座高134厘米的哥特式石雕圣母像。这根柱子如今是比尔森的标志之一，和身后众多波希米亚风格的住宅相互映衬，相得益彰。

✉ namesti Republiky

4 地下博物馆

规模庞大的地下城

★★★★ 赏

波希米亚地区很多城市为了军事防御的需要都设有地下通道，其中比尔森的地下设施是规模最大的。在比尔森旧城区，地下通道总长达到17千米，深入地下约2层楼那么高。平时这些地方用于储藏食物，战时则作为藏身避难的场所。而比尔森地下博物馆就是详细介绍比尔森众多地下结构的地方，人们在这里可以经由导游的解说，对这座庞大的地下城有一个更深刻的了解。

✉ Veleslavinove 6 ☎ 037-7235574
¥ 90捷克克朗

5 圣巴特罗米天主堂 75分!

捷克的第一高塔

★★★★★ 赏

捷克首都布拉格虽然号称百塔之城，但捷克的第一高塔却是位于小城比尔森的圣巴特罗米天主堂钟塔。这座钟塔高达103米，游人可以沿着木质楼梯，攀爬到顶部俯瞰小城风光，还能纵览周边地区的田园风情。圣巴特罗米天主堂的造型古朴典雅，而色彩绚丽的彩绘玻璃窗则给这里带来了一丝柔和的气息。

✉ namesti Republiky 35 ☎ 377-236353
¥ 50捷克克朗

6 比尔森啤酒博物馆

了解比尔森啤酒的历史　★★★★ 赏

比尔森啤酒有一句很有趣的广告词"世界原本一片黑暗，1842年之后开始发光"，看上去这句话有点夸张，但是当了解了比尔森啤酒的历史之后，人们应该会认同这句话。比尔森啤酒博物馆位于比尔森啤酒酿造所内。人们可以通过导游的解说了解百年前的酿酒古方以及融入现代科技后的制作流程。参观后人们更可以品尝到新鲜酿造的啤酒，这更使得不少人慕名而来。

✉ U Prazdroje 7 ☎ 037-7062888
¥ 150捷克克朗

7 犹太教会堂

世界上第三大的犹太教教堂　★★★★★ 赏

✉ Sady petatricatniku 11
☎ 602—441943 ¥ 50捷克克朗

比尔森是一座默默无闻的捷克小城，但是这里的犹太教会堂却是世界上第三大的犹太教教堂，它那雄伟的身躯令人赞叹不已。这座教堂融合了多种建筑风格，它的主体是古罗马式的，又有摩尔式的圆形尖顶，各处装饰上又洋溢着波希米亚的浪漫风情。犹太教会堂还经常举办音乐会和各种展览活动。

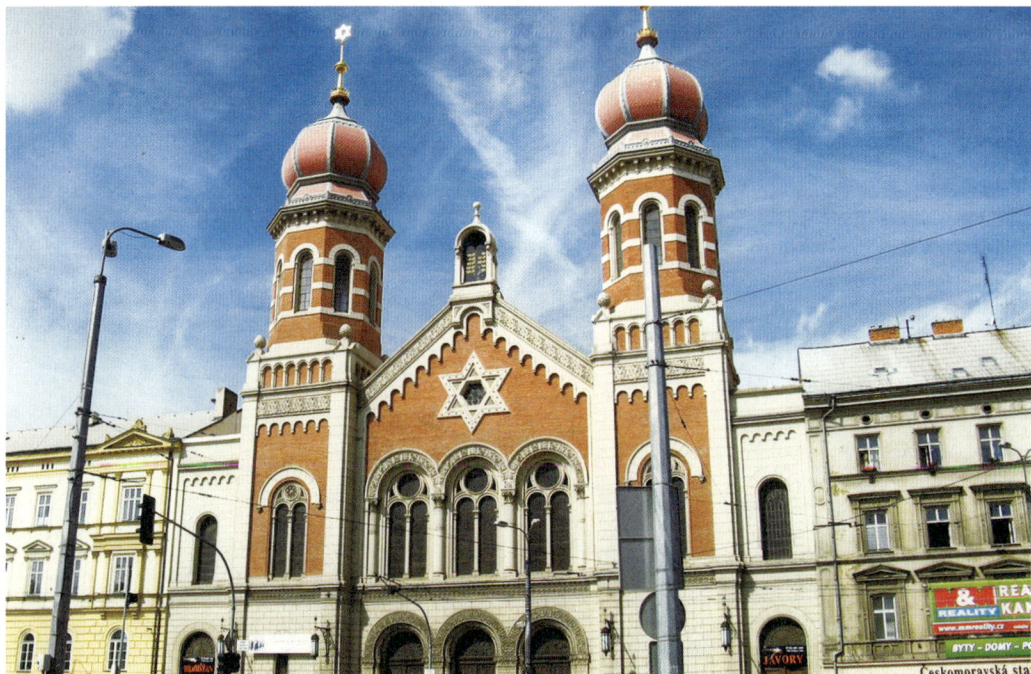

大赏
捷克

捷克

攻略 HOW

捷克攻略 CZECH HOW
捷克·波希米亚其他

捷克·波希米亚其他 特别看点！

第1名！
人骨教堂！

100分！

★ 令人震撼的教堂，中欧最著名的基督教墓地！

第2名！
捷克克鲁姆洛夫城堡！

90分！

★ 庞大的古建筑群，捷克最有名的古堡之一！

第3名！
卡罗维发利温泉回廊！

75分！

★ 捷克著名的温泉中心，最漂亮的温泉回廊！

---

1 ## 库特纳炼金术博物馆 赏

世界上最早的以炼金术为主题的博物馆 ★★★★★

✉ Palackeho namesti 377
☎ 603—308024　¥ 50捷克克朗

　　炼金术是神秘学的一种，在中世纪的欧洲十分流行，它可以算得上是近代化学的始祖。这座博物馆里收藏着大量与炼金术相关的文献数据，还有炼金师们所使用的工具和矿石，他们进行炼金时的场景也被完整地再现出来。博物馆的三楼是炼金师们进行祈祷的地方，那里装饰华美，颇有神圣的气息。

2 圣詹姆斯教堂

库特纳霍拉市内最显眼的建筑 ★★★ 赏

　　圣詹姆斯教堂是库特纳霍拉市内最显眼的建筑，其86米高的尖塔无论在市内哪个角落都能清晰可见。这座教堂始建于1380年，先后花了50多年时间才完成。整座建筑以晚期哥特式风格为主，到了17世纪又以文艺复兴和巴洛克风格进行了整修。白天教堂外观灰蒙蒙的让人觉得不怎么样，但是到了晚上，漂亮的灯光打在教堂的墙上，那种圣洁平和的感觉让人不觉沉醉。

✉ Havlickovo namesti

3 库特纳霍拉圣巴巴拉大教堂

库特纳霍拉标志性建筑 ★★★★★ 赏

　　库特纳霍拉圣巴巴拉大教堂始建于14世纪，是当地民众为了祈求银矿开采顺利而建的，但它直到19世纪末才正式完工。这座教堂的气势宏伟，是波希米亚地区哥特式建筑的代表作，因而被联合国教科文组织评选为世界文化遗产。教堂里空间广阔，8座礼拜堂围绕着主祭坛，墙壁上方有色彩绚丽的玫瑰窗和精美的壁画。

✉ Barborska 　📞 327—512115 　¥ 50捷克克朗

4 人骨教堂 （100分!）

令人震撼的教堂　★★★★★ 赏

　　人骨教堂是全世界众多教堂中最为独特的一座，这里因为存放着来自耶路撒冷的泥土的缘故，成为中欧最热门的墓葬地之一，后来就有工匠将散落的白骨雕刻为基督教的圣物，作为教堂的装饰物。走进教堂内部会有种毛骨悚然的感觉，因为这里的绝大部分物品都是由人骨拼接而成，窗户和门上也镶嵌着人骨。

📧Zamecka 127　📞327—561143　¥50捷克克朗

5 捷克克鲁姆洛夫城堡 （90分!）

庞大的古建筑群　★★★★★ 赏

　　捷克克鲁姆洛夫城堡位于捷克克鲁姆洛夫古城北部的山丘上，它是仅次于布拉格城堡的古代城堡，各种建筑共有40余座。城堡花园里的景色优美，这里林木葱茏、鲜花盛开，其间点缀着精美的雕像和喷泉。桥廊既起着连接各处房屋的作用，又是造型优雅的建筑景观。捷克克鲁姆洛夫城堡的许多房间里都展出着珍贵的物品，豪华的黄金马车就是其中的佼佼者。

📞380—704710　¥240捷克克朗

❀ 第一广场

进入城堡的必经之处

　　第一广场周围原本是作为城堡的马厩、骑士房舍、酿酒厂、药房、监狱、仓库等使用的，这些建筑风格纷繁复杂，无论是哥特式、文艺复兴式等一应俱全。人们现在最常光顾的是拱门右侧的游客中心，这里是进入城堡必经的地方，服务十分到位。

第二广场

城堡的标志性城塔

　　在第二广场前有一道深沟，据说在古时候这里养着两头熊，正是城堡的主人罗森堡家族的标志。进入广场后最著名的地方就是城塔，这是整座城堡的标志，在这里任何一个角落都能看到它。到了晚上，塔上还会有漂亮的灯光装饰，十分精美。

第五广场

受人瞩目的城堡剧院

　　在第五广场中最受人瞩目的还是要数建于17世纪的城堡剧院，在剧院内保存了300幅绘于18世纪的舞台布景，可以展现出军营、监狱、教堂等场景。而且变换场景的齿轮和滑车等机械都是用木材制造的，非常专业。此外在这里还有600多件精美的戏服，堪称国宝级的珍藏。

布达扎维城门

与外界流通的最主要的出入口

　　布达扎维城门是捷克克鲁姆洛夫古城9座城门之一，也是与外界流通的最主要的出入口。早在19世纪以前，市镇周围本来有城墙，后来因为交通及工业发展等因素都被拆掉了，只留下了城门作为标志。在城门上至今还留有小镇的徽章作为标志。

桥廊

连接城堡各地的通道

　　桥廊是一种上层是桥下层是走廊的建筑，这座三层结构的桥廊全长达到1千米，将第四广场、第五广场连接起来，并直通到城堡花园。行走在这些桥廊中，人们可以将大半个城堡的美丽风光收入眼中，而且即使是下雨天也不用担心会有影响。

拉特朗街

最古老的平民街市

　　拉特朗街是捷克克鲁姆洛夫城内最古老的平民街市之一，它起自布达扎维城门，主要通往城堡和旧市街。古时这里是那些被贵族邀请而来的工匠、艺术家、炼金术士等人的居住地，现在这里则分布着很多商店餐厅，不过建筑依然保持着原貌，很有一种古典美。

🌸 圣乔治礼拜堂

圣乔治礼拜堂是一座14世纪的建筑，当时的贵族们会定期在这里聚会。礼拜堂内的装饰是文艺复兴式和巴洛克式风格的混搭，墙面上是淡彩色的大理石，墙上和天花板上都描绘有精致的洛可可风格壁画。而四处的装饰也都凸显出这里高贵华丽的特质。

🌸 黄金马车
完全用黄金打造的马车

当走进城堡内部后，人们会惊奇地发现这里很多东西都是用黄金打造的。其中最让人赞不绝口的当数这辆黄金马车。这辆马车制作于1638年，整辆车从车轮到车身都铺满了黄金，上面的装饰也都是用黄金制作，很容易想象这样一辆车奔驰在街道上是何等的拉风。

🌸 史普乔瓦西桥廊
极具特色的桥廊

史普乔瓦西桥廊是14世纪时的威廉·罗森堡赠与他第三任妻子的礼物。这座桥廊下半部是拱形的桥洞，上半部则是可以通行的走廊，这样一来就可以上下同时通行，有点类似于原始的立交桥设计。这座桥廊除了历史悠久外，设计也很独特，极具特色。

🌸 罗森堡宫
城堡内最主要的房间

罗森堡宫是城堡内最主要的房间之一，因为罗森堡家族的人都特别喜欢熊，所以在这座寝室里也铺上了熊皮地毯作为装饰。房间里依然保持着古时的模样，精美的家具和装饰让人注目，房间内那些制作精良的画作和雕塑更是能体现出主人丰富的艺术修养。

🌸 圣乔斯塔教堂
设有医院的教堂

圣乔斯塔教堂是14世纪时由彼得·罗森堡下令修建的，并在教堂旁设立医院。原本这周边到处都是杂乱无章的贫民建筑，后来教堂和医院出资将这里整体买下，并且进行了大规模改造，终于才有了现在这焕然一新的面貌，也使得附近的景色更趋完美。

6 捷克克鲁姆洛夫旧城广场

展现捷克克鲁姆洛夫古城的古老风情 ★★★★★ 逛

捷克克鲁姆洛夫旧城广场从13世纪就开始规划，以这里为中心，所有道路都呈放射状或是环形分布。广场周围的很多建筑都保留了旧式的哥特式风格，一楼设有石造拱廊，呈现出波希米亚特有的浪漫风情。当地居民大多喜欢聚集在广场上聊天，广场东南侧有喷泉和纪念黑死病的石柱，一边还有白色的市政厅，是这座城市最中心的地段。

📧 Horni 152、154
📞 038-0711674 💰 50捷克克朗

大街

旧城区中最为宽阔的街道

大街也称后街，建于16到17世纪，是旧城区中最为宽阔的街道。以前这里曾经是集市会聚的地方，如今已经全都迁移了，使得这里趋于平静。在这里可以看到各种古典建筑，包括很有名的炼金术士之屋、席勒美术馆等，77号建筑中的壁画也十分漂亮。

那鲁西街

旧城区中最热闹的一条街

那鲁西街是旧城区中最热闹的一条街，这里有很多味道正宗的捷克餐馆。除了饭店外，这里还有两座建筑很值得一看，位于54号的餐厅中绘满了各种文艺复兴式的花纹和装饰，还有不少神秘的记号。而位于12号的建筑则以它独特的山墙和窗台而著名。

❀ 帕康街

热闹的商业街

　　帕康街原本是一条沿着城墙的老街，后来为了交通便利而把城墙拆掉了，这里有很多工艺品店，专门出售各种纪念品。如今这里又增加了各种餐厅、民宿等，人们可以在这里隔着河眺望远处的城堡等古迹，风景非常美丽。

❀ 地方博物馆

展现捷克克鲁姆洛夫的民俗

　　地方博物馆是捷克克鲁姆洛夫最重要的博物馆之一，特别展示了南波希米亚和捷克克鲁姆洛夫当地的民俗工艺品、传统生活用品、艺术品、历史文物、考古发现等，无论是收藏的数量还是品质都相当高，是了解波希米亚文化的主要途径之一。

❀ 蔷薇饭店

曾经的教士宿舍

　　蔷薇饭店是16世纪时由威廉·罗森堡下令修建的，最初这里是耶稣会教士们的宿舍，是捷克同类建筑中年代最古老的一座。一楼曾经是德语学生们的宿舍，二楼则是耶稣会访客们的客房。19世纪时改建成为饭店，由于在建筑上有很多罗森堡家族的蔷薇徽章，所以起名为蔷薇饭店。

7 圣维特教堂

最具影响力的哥特式建筑　★★★★ 赏

　　圣维特教堂是捷克克鲁姆洛夫城内最具影响力的哥特式建筑，16世纪时罗森堡家族的领主威廉·罗森堡和他的妻子的墓地就位于该教堂中。由于这座教堂是当地贵族们的信仰中心，因此自建成以来这里一直都被不断地扩建和装修，因此在这里可以看到从哥特式到巴洛克式的各种风格。在教堂二楼有一架18世纪的古老管风琴，至今依然在做弥撒时使用。

✉ Horni 156
☎ 038-0711336

8 卡罗维发利温泉回廊 75分！

捷克著名的温泉中心 ★★★★★ 逛

　　卡罗维发利是捷克著名的温泉中心，自从16世纪开始就陆续在这里建立了各种温泉回廊，人们在这里一边散步一边饮用，是当时最流行的做法。尤其是其中12处温泉最具疗效，甚至吸引来了贝多芬、肖邦、马克思等名人的光顾。这些温泉回廊里的泉水都是可以直接饮用的，虽然喝起来味道有点浓烈，而且有的还很苦，但是其中含有的矿物质和微量元素对人的身体很有益处，因此很多人都愿意来此一试。

🚌 布拉格火车总站乘直达火车

磨坊温泉回廊

最漂亮的一处温泉回廊

　　磨坊温泉回廊是卡罗维发利的诸多温泉回廊中最漂亮的一处，是由捷克最著名的建筑师所设计。这座温泉回廊前后共花了10年的时间建造，其中中殿和侧廊一共用了124根长柱共同组成，廊柱上共有12座雕像，象征着一年12个月。人们因为它附近有一处磨坊而称之为磨坊温泉回廊。

莎多瓦温泉回廊

第一座温泉疗养所

　　莎多瓦温泉回廊位于德沃夏克公园的一侧，这里是卡罗维发利第一座温泉疗养所，曾经是军队专用的。两个青铜圆顶的凉亭连着白色长廊，而温泉则位于回廊后方白色建筑物的地下室中。这是当地12处可以直接饮用的温泉之一，经常有很多人来到这里游览。

🌸 市场温泉回廊

瑞士风格的温泉回廊

市场温泉回廊是一座精巧的白色建筑物，是在卡罗维发利相当少见的瑞士风格建筑。虽然没有磨坊温泉回廊那么壮观，但是也拥有着吸引人的闲适风格。这里一共有两处温泉，一处是市场温泉，一处是查理四世温泉，据说这就是查理四世首次发现卡罗维发利温泉的地方。

🌸 瓦杰迪洛温泉回廊

知名度最高的温泉回廊

瓦杰迪洛温泉回廊是卡罗维发利知名度最高的温泉回廊，以泉水喷涌高度最高和温度最高而出名。这里的温泉

温度高达72℃，强大的冲击力使得喷出的水柱达到14米，只能躲在玻璃屋中观赏的人们就好像身处蒸汽室中一般。

9 圣彼得圣保罗教堂

金碧辉煌的东正教教堂　★★★★ 赏

东正教教堂在捷克并不多见，但是位于卡罗维发利的圣彼得圣保罗教堂却是捷克最漂亮的东正教教堂。这座教堂拥有高大的金色圆顶，蓝色的屋顶和雪白的墙壁配合得恰到好处，拜占庭风格精美的造型更是宛如童话中出现的一般。这里是专门为了那些来到这里做温泉疗养的俄罗斯客人而建，平时是不对外开放的，人们只能在做弥撒时一睹其风采。

乘·卡罗维发利火车站步行5分钟

10 贝赫罗夫卡酒博物馆

有养生效果的贝赫罗夫卡酒　★★★★　赏

装在墨绿色酒瓶中的贝赫罗夫卡酒是卡罗维发利最具知名度的纪念品，为了纪念大卫·贝赫这名对卡罗维发利的发展有巨大贡献的医生而命名的。自从19世纪这种酒被发明以来，一直被誉为是卡罗维发利第13种温泉，据说对于消化和神经系统方面的疾病有很显著的疗效。在这座博物馆里人们可以通过导游的讲解，了解这种酒的发展历史，并且有机会品尝其滋味。

📧 T.G.Masaryka 57　📞 035-9578142　💴 100捷克克朗

11 新旧草地街

最热闹的两条街　★★★★　狂

走过瓦杰迪洛温泉回廊后，位于河两岸的街道都叫做草地街，右侧为旧草地街，左侧则是新草地街。旧草地街最著名的标志当数亚特兰提特旅馆，就位于市场温泉回廊旁，这是一座新艺术建筑的代表作，位于屋顶上方的雕像很是显眼。这条街和歌德有很深的渊源，他曾经在这里住过一段时间。河对面的新草地街则是当地最美的街道之一，德沃夏克酒店是这里最具人气的地方。

📧 Stara Louka　🚃 火车站出站步行20分钟

12 普普大饭店

历史最悠久的饭店　★★★★★　吃

📧 Mirove namesti 2
📞 035-3109111

普普大饭店是卡罗维发利历史最悠久的饭店，更号称是东欧最豪华的饭店。这座白色的建筑通体散发出新艺术和古典艺术融合的傲人光辉，几百年来，到此造访过的名人明星数不胜数。由于饭店里的所有服务价格都相当昂贵，普通人是消受不起的，因此很多人都只是来到这里参观一下，感受一下大饭店内洋溢的高贵气质；或者前往饭店一角的咖啡厅品尝一下流传200年的咖啡。

13 摩赛玻璃工厂

宛如水晶的玻璃 ★★★★★ 赏

在捷克有一种最受人喜爱的产品，即波希米亚水晶。不过这其实不是水晶，而是质地细密的玻璃。位于温泉乡不远的摩赛玻璃工厂是一位叫摩赛的人所创办，是著名的摩赛玻璃的创始地。在这座工厂里能看到工人师傅们以高超的技术将火红的玻璃浆吹成设计图所画的形状，再对吹成型的玻璃器皿进行切割和磨光等，成品之后的玻璃会放射出宛如宝石一般的光芒，更能和金银等金属产生高贵华丽的效果。

✉ Kpt.Jarose 46/19　乘 乘公交车1号在Sklarska站下　☎ 035-3416242　¥ 80捷克克朗

14 玛丽亚温泉市

捷克新兴的温泉区 ★★★★★ 逛

玛丽亚温泉市是捷克19世纪后才开辟的温泉景区，但它的吸引力却一点也不逊色于别处，马克·吐温、爱迪生、瓦格纳等名人都曾到过此处。这里的温泉回廊造型华美，还有一个会唱歌的音乐喷泉。歌德广场上拥有大作家歌德的故居博物馆，圣母升天教堂则是较为少见的拜占庭式的近代教堂。

乘 布拉格火车总站乘直达火车在玛丽亚温泉市站下

❀ 温泉回廊

经典的巴洛克建筑

玛丽亚温泉市大部分建筑都带有浓郁的17世纪巴洛克风格，温泉回廊就是其中最经典的建筑，建筑本身以黄色为主，搭配大量的白色铸铁列柱和装饰，顶上则描绘着以神话为内容的壁画。在它背面的建筑中就是温泉泉源，人们可以汲取这里的泉水饮用，据说对身体很有好处。

音乐喷泉
会歌唱的温泉

音乐喷泉是玛丽亚温泉市最吸引人的景点之一，每隔两个小时，这座喷泉就会配合音乐旋律以水舞的方式展现不同的姿态，让人觉得温泉好像在唱歌一样。而且这里一共会有11首歌曲轮流上演，即使在这里看上一整天也不会看到重复的。

新温泉疗养所
国王经常光顾的疗养所

1896年开业的新温泉疗养所位于鲁道夫温泉南侧，它的建筑非常气派，是上流人士经常光顾的地方，英国国王爱德华七世也非常喜欢这里。如今这里依然保留了原来的内部结构，包括罗马浴池、已经有多位国王使用过的房间等，让人感受到一派皇家气派。

歌德广场
歌德所居住的地方

歌德和玛丽亚温泉市颇有渊源，他在1821年时在这里逗留过，这处广场就是以他的名字命名的。在广场的东北边设有一尊歌德的塑像，像中的他坐在椅子上，一副沉思的表情。而在塑像北侧是歌德当时在这里的居所，如今被辟为一处博物馆。

圣母升天教堂
庄严神圣的拜占庭式教堂

圣母升天教堂就位于歌德塑像的背后，这是一座黄色的拜占庭式建筑，两侧高耸的双塔给人一种庄严神圣的感觉。教堂的内部有很多艺术家和工匠共同创作的精美壁画，这些艺术家都来自维也纳和布拉格等地，壁画都精美异常。

鲁道夫温泉
适合饮用的温泉

鲁道夫温泉位于音乐喷泉的南侧，它的水质非常自然，富含铁和大量的钙元素，非常适合饮用，而且水量充足，温泉水从地下经过水管引到了北边的克洛斯温泉及卡罗琳温泉。在温泉边上还有木质的温泉走廊，这是仿希腊的新古典艺术式建筑，显得古典而优雅。

大赏
捷克

捷克

攻略 HOW

捷克攻略 CZECH HOW

捷克·布尔诺

　　布尔诺是南摩拉维亚的首府，这里遗留了众多华美的古建筑，无论是高大的山丘城堡，还是雄伟华美的教堂和博物馆，都是这座城市华美风情的象征，漫步在城区中还能找到米兰·昆德拉笔下描述的美景。

捷克·布尔诺 特别看点！

第1名！
圣汤姆斯教堂！
100分！

★ 造型优美的大教堂，外观华美的哥特式建筑!

第2名！
圣彼得与圣保罗大教堂！

90分！

★ 布尔诺的标志性建筑，气势宏伟的哥特式教堂!

第3名！
旧市政厅！

75分！

★ 布尔诺的城市中心，古老城市的象征!

---

1 圣汤姆斯教堂

100分！

造型优美的大教堂

★★★★★ 赏

📧 Lidicka ☎ 545-572215

　　布尔诺圣汤姆斯教堂始建于1350年，原本是一座修道院，后在三十年战争时被战火毁坏，现在只有1385年所建的圣母哀子雕像残存了下来。在1665年重建该修道院的时候，采用了当时流行的哥特式建筑风格，并用了整整10年的时间才全部完工。这座教堂的造型华美，外墙的色彩鲜明，给人以强烈的视觉冲击感。

2 摩拉维亚博物馆

摩拉维亚地区最大的博物馆

★★★★★ 赏

✉ Zelnytrh 6　📞 545-435220　¥ 20捷克克朗

　　布尔诺曾是古老的摩拉维亚王国的首都，因此收集了众多与这个国家相关的文物、资料和珍宝，它们大都存放在摩拉维亚博物馆中。该博物馆是捷克第二大博物馆，收集的展品数以万计，许多都是难得一见的珍贵物品。

　　摩拉维亚博物馆再现了这一地区的发展历程，从石器时代的人类活动痕迹，到罗马帝国对这一地区的影响，之后是中世纪摩拉维亚王国的兴衰沉浮。漫步在博物馆内可以了解到这一地区生活方式的演变过程，还能看到古老矿坑的遗迹和房屋的风格变化。

3 自由广场

布尔诺的城市广场

★★★★★ 逛

　　自由广场位于布尔诺的旧城中心，不仅是各种游行、典礼、艺术活动的举办地，同时还是这座城市最繁华的区域。广场中央矗立着一座高大的巴洛克式圆柱，它的造型精美，顶部有一尊华丽的雕像，基座周围聚集着众多街头艺人和画家的雕像，是人们摄影留念的好地方。

　　漫步在自由广场上可以欣赏四周华美的建筑景观，不同时代、多种风格的建筑物尽收眼底，古老的哥特式

✉ Lidicka 6　📞 545-572215

建筑与华美的巴洛克式建筑相互衬托，造型典雅的文艺复兴建筑与雄伟高大的现代建筑在阳光的照射下，散发出华美的光辉。

4 圣彼得与圣保罗大教堂 （90分！）

布尔诺的标志性建筑 ★★★★★ 赏

圣彼得与圣保罗大教堂是一座气势宏伟的哥特式建筑，它也是布尔诺城的标志性建筑。这座教堂是由过去的布尔诺城堡改建而来的，因而有着高大坚固的外形，墙壁上斑驳的痕迹是历史的纪念物。教堂大厅里的彩绘玻璃窗色彩绚丽，而巨大的管风琴，会奏出美妙的音乐。游客们还可以在教堂高塔的顶部俯瞰布尔诺的城市风光。

📧Petrov 9 📞543—235031 💴35捷克克朗

5 史皮尔柏城堡

古老的城堡 ★★★★★ 赏

史皮尔柏城堡曾是摩拉维亚王国的王宫，在18世纪被改为要塞和监狱，在这座城市的历史上，占有重要的地位。漫步在城堡中可以看到高大坚固的城墙，它们的表面上有着斑驳的痕迹，那是历经风雨的象征。

现在的史皮尔柏城堡内拥有一座监狱博物馆，在馆中参观的游人们可以看到这里关押囚犯的牢房与当时使用的刑具。布尔诺市政博物馆也位于这里，它分为三个展区，分别是"文艺复兴迄今艺术展"、"布尔诺历史回顾展"与"布尔诺建筑演进展"。

📧Spilberk 6 📞545-123611 💴30捷克克朗

6 图根哈特别墅

超越时代的豪华别墅 ★★★★ 赏

📧Cernopolni 45 🚃乘3、5、11路电车在Detska nemocnice站下 📞545—212118

图根哈特别墅是一座看似并不起眼的建筑，但它的内部却别有洞天，各种豪华的装饰与充满奇思妙想的设置让它被联合国教科文组织评为世界文化遗产。这座别墅的外墙有着简朴典雅的风格，里面则是充满时尚美感的家具。图根哈特别墅的独特之处在于它有着人性化的设置，住户可以根据需求调节室内的采光和温度，这是超越时代的设置。

7 旧市政厅 （75分!）
布诺尔的城市中心
★★★★★ 赏

📧Radnicka 8 📞545-211089

旧市政厅建于1240年，是布诺尔现存非宗教建筑中最古老的一座，从1375到1935年的500多年间一直是布诺尔的行政中心，曾是这座古老城市的象征。这座华美建筑的主体风格是雄伟的哥特式，其后的漫长岁月中多次修缮改建，同时添加了巴洛克式、文艺复兴式等建筑风格，使其具有难以言喻的独特魅力。旧市政厅既有高大雄伟的尖塔，又有各种华美典雅的装饰，其内部还有一座小型博物馆，那里展出着古老的盔甲和钱币，还有记录布诺尔风光的摄影展。

8 莫拉斯基夸斯钟乳石洞
捷克最著名的钟乳石景区
★★★★ 赏

莫拉斯基夸斯钟乳石洞是著名的钟乳石景区，那里包括多个洞穴，它们的景色各有千秋。Punkva Jeskyne是这里最大的一个洞穴，深达140米的Macocha深渊就位于洞内，游人在那还能看到各种

钟乳石景观，如石笋、石柱、石花等。Blacarka Cave洞穴虽然面

📧Skanlni mlyn 65，Blanso 🚍Blanso 公交总站乘6、7路公共汽车在Blacarka Macochy站下 📞516—413575

积相对较小，但里面的景观也是颇具吸引力的。

大赏
捷克

捷克

攻略 HOW

捷克攻略 CZECH HOW

捷克·摩拉维亚其他

摩拉维亚是捷克东部的广袤区域，这里是米兰·昆德拉笔下描绘的华美城市，这里是培养出大科学家格雷戈·门德尔的广袤原野，风靡世界的啤酒和水晶，更让这里成了著名的旅游胜地。

捷克·摩拉维亚其他 特别看点！

第1名！
神圣三位一体柱！

100分！

★ 捷克最大的巴洛克式雕像，奥洛莫乌茨的城市标志！

第2名！
奥洛莫乌茨天文钟！

90分！

★奥洛莫乌茨的标志性景点，精美的装饰图案！

第3名！
泰尔奇城堡！

75分！

★ 泰尔奇的名景，文艺复兴式的古堡建筑！

---

1 霍尔尼广场

奥洛莫乌茨的城市广场

★★★★★ 逛

📧Horni Square

　　霍尔尼广场是奥洛莫乌茨的城市广场，同时还是这座小城最繁华的地方，它的四周遍布着众多古老的建筑，广场上的核心景观当数那座高大的神圣三位一体柱，它的造型华美，顶部是圣父圣子圣灵的雕像，下方则是人间君王的雕像。这座高塔不仅是霍尔尼广场的象征，还是奥洛莫乌茨的城市标志，来到这里的游客都会在此摄影留念。广场的四周大都是造型典雅的文艺复兴式建筑，它们的色彩鲜艳，在阳光的照射下散发出绚丽的光芒。

大力士喷泉

奥洛莫乌茨第二古老的喷泉

大力士喷泉位于霍尔尼广场的南端，它始建于1687年，是这座城市现存的喷泉中第二古老的。这座喷泉是因为中央的赫拉克勒斯雕像闻名，这位古希腊神话中的英雄，因力大无比而扬名。雕像右手持巨棒做挥舞状，而其左手则怀抱着奥洛莫乌茨的市鸟老鹰，脚下则踩踏着七头妖蛇，这座雕像有着英雄保护市民免受侵害的意义。

阿瑞安喷泉

古城里的现代喷泉

阿瑞安喷泉位于霍尔尼广场的西侧，它建于2002年，是奥洛莫乌茨众多喷泉中唯一一座现代喷泉。这座喷泉取材自罗马神话，生动地再现了竖琴手阿瑞安被海豚所拯救的故事。主雕像的基座有一只青铜乌龟，其两侧还有小男孩与小女孩的雕像，远端则是充满健美感觉的阿瑞安雕像，他正怀抱着一只可爱的海豚。

恺撒喷泉

以历史人物为题材的雕像

恺撒喷泉是霍尔尼广场上六座喷泉中唯一的以真实人物为主题的喷泉，它真实再现了古罗马统治者恺撒的威武神情。这座雕像的下方有两个人物塑像分别象征着奥洛莫乌茨的两条母亲河——摩拉瓦河与多瑙河，而雕像后方的小狗则意味着这座城市对恺撒这位征服者的臣服。

2 奥洛莫乌茨天文钟 90分！

奥洛莫乌茨的标志性景点

★★★★★ 赏

奥洛莫乌茨天文钟是这座城市的标志之一，它建于1474年，历史上曾经多次毁坏重建，每次重建的风格都是各不相同的。钟盘的上方原本是圣人、修道士和天使的塑像，在二战后被改造为更接近无产阶级的工人形象，这在欧洲众多的天文钟中是比较少见的。天文钟的墙壁上还绘有精美的图案。

✉ Horni namesi ☎ 585—513385

❸ 圣莫里茨教堂

奥洛莫乌茨最为古老的教堂　　　★★★★ 赏

圣莫里茨教堂是奥洛莫乌茨诸多教堂中历史最悠久的一座，它曾几经毁坏重建，现在所看到的教堂是14世纪时所建的哥特式建筑。这座教堂的气势雄伟，大厅里空间宽阔，精致的肋拱柱圆顶，吸引着游人的目光。金色的阳光透过五颜六色的彩绘玻璃窗照射进来，给教堂里渲染上一层柔和的光芒，并让这里充满着宁静祥和的氛围。

✉ ul.8.kventa

❹ 多尼广场

景色优美的小型广场　　★★★★ 逛

多尼广场是奥洛莫乌茨的重要景点之一，它虽然没有霍尔尼广场的壮观气势，但华美典雅的风格却丝毫不亚于前者。这座广场上的马利亚纪念柱是为了纪念1346年发生的那场席卷欧洲的黑死病而建的，纪念柱的底层共有八座雕像，他们都是抵抗黑死病的英雄。

多尼广场的面积不大，四周都是造型典雅的文艺复兴式建筑，来到这里能够感受到奥洛莫乌茨的城市风情，虽然没有大都市的繁华，却洋溢着悠闲宁静的气息。

✉ Dolni Square

❀ 海神喷泉

造型优美的海神雕像

海神喷泉取材自古罗马神话，它是一座华美的巴洛克式喷泉，其顶部的古罗马海神Neptune雕像，造型精美典雅，又有着威武的气势。这座雕像建于1683年，这是奥洛莫乌茨城中最古老的喷泉。它的底部是四只从海中跃起的骏马，环绕着位于上方的雕像，Neptune则手持三叉戟，面向水面，有着保护小城的意欲。

❀ 天神喷泉

经过改建的雕像

天神喷泉雕像原本是一座以基督教圣徒Florian为主题的，后到了1735年，为了统一广场诸雕像的风格，所以将其移去，并重新建造了古罗马神话中的众神之神朱庇特的雕像。这座雕像的气势威武，脚踏大地，手握火炬，脚下栖息着老鹰，神情凝重。

5 神圣三位一体柱

100分!

捷克最大的巴洛克式雕像 ★★★★★ 赏

神圣三位一体柱位于霍尔尼广场的中央，全高为35米，是中欧最大的巴洛克式雕像之一，也是奥洛莫乌茨市的象征。这座雕像建于1716年，主要分为三个部分，它的底部基座上则有着基督教的圣人和波希米亚的重要历史人物的塑像，中间镶嵌着圣母升天雕像，顶部则是圣父圣子圣灵的神圣三位一体雕像。

✉ Horni namesi

6 瓦茨拉夫广场

位于奥洛莫乌茨市郊的休闲广场 ★★★★ 赏

瓦茨拉夫广场位于奥洛莫乌茨的市区北部，是一座有着悠闲气息的广场，附近还环绕众多古建筑。这座广场的空间很大，四周林木葱茏，还有鲜花野草点缀其间，是一处风景优美的休闲广场，清新幽雅的环境是闹市区近郊难觅的一块绿洲。雄伟的瓦茨拉夫教堂是广场的核心景观，它的两座尖塔高达100米，是摩拉维亚的第一高塔。附近的普米斯勒宫殿是一座华美的建筑，现在被改辟为总主教博物馆。

✉ Vaclavske namesti

7 泰尔奇萨哈利修广场

泰尔奇的标志性景点

★★★★★ 逛

✉ náměstí Zachariásez Hradec 🚃 泰尔奇火车站出站步行5分钟可到

萨哈利修广场是小城泰尔奇最具魅力的景点，广场四周的建筑鳞次栉比地排列着，那些五颜六色的山墙，极富童真情趣，让人仿佛置身于奇妙的童话世界之中。这些建筑的风格各不相同，既有险峻的哥特式，也有华丽的巴洛克式，更不乏充满波希米亚风情的房屋。萨哈利修广场四周的商店众多，也有出售当地佳肴的餐馆。

❀ 喷泉与马利亚圣母石柱

萨哈利修广场上的著名景观

萨哈利修广场东侧有两座喷泉，它们的建造时间虽然不同，但风格相似，是著名的姐妹喷泉。这两座喷泉有着华丽的巴洛克式风格，并竖立着精美的雕像，位于它们中间的则是马利亚圣母石柱。它的顶部是造型精美、风格细腻、人物表情生动的雕像，下方则环绕着John、James等六位圣徒的雕像。

8 圣霍尼城门与圣灵教堂

泰尔奇的古老历史象征

★★★★ 赏

高大的圣霍尼城门是泰尔奇古城的城门气势威武，它的历史可以追溯到遥远的摩拉维亚王国，是这座城市的著名景观，也是旅游线路的起点，因此在这里能够看到来自世界各地的游客。

✉ 泰尔奇巴士站步行10分钟可到
📞 567-112407 ¥ 15捷克克朗

圣灵教堂是一座雄伟的哥特式教堂，它始建于13世纪，主殿是古罗马风格的建筑，又有哥特式的高大尖塔，因此显得极为壮观。这座教堂只有高塔对外开放，游人们在这里可以俯瞰泰尔奇的城市风光，并将四周众多建筑美景尽收眼底。

9 泰尔奇城堡 (75分!)

泰尔奇的名景 ★★★★★ 赏

泰尔奇城堡是一座文艺复兴式的城堡，有着古朴典雅的建筑风格和舒适的生活环境。城堡的四周林木葱茏，地面上的草坪苍翠欲滴，五颜六色的鲜花绽放其间，漂亮的池塘里有着鱼儿在游动。来到城堡内部会发现这里的房间装饰各不相同，精美的雕刻和壁画随处可见。这里还有展出著名画家詹兹扎维作品的博物馆。

📧 náměstí Zachariásez Hradec 📞 567—243943 💴 200捷克克朗

10 斯丹普尼兹湖和乌立兹湖

风景秀丽的湖泊 ★★★★★ 赏

斯丹普尼兹湖和乌立兹湖是泰尔奇老城区的护城湖，它们的景色秀丽，是当地著名的旅游休闲区。斯丹普尼兹湖位于圣霍尼城门外，碧波荡漾的湖面上倒映着四周古老的建筑，一旁的森林中还有小动物出没，充满诗情画意。游人们来到这里可以放松身心，享受这里的宁静氛围。乌立兹湖也是一个很有魅力的景点。

📧 泰尔奇火车站出站步行10分钟可到

大赏
匈牙利

攻略匈牙利 NOW

匈牙利

匈牙利攻略 HUNGARY HOW

匈牙利·布达佩斯—布达

布达位于多瑙河西岸，可以看到匈牙利皇室的象征布达皇宫以及精致的马提亚斯教堂和坚固的城塞渔夫堡，是匈牙利悠久历史的写照。

匈牙利·布达佩斯—布达 特别看点！

第1名！
布达皇宫！

100分！

★匈牙利皇室的宫殿，布达佩斯悠久的历史精华！

第2名！
马提亚斯教堂！

90分！

★造型典雅的新哥特式教堂，匈牙利最重要的教堂！

第3名！
渔夫堡！

75分！

★造型典雅的新哥特式建筑，古朴典雅的装饰！

---

1 布达皇宫 （100分！）

匈牙利皇室的宫殿

★★★★★ 赏

布达皇宫是匈牙利历代王朝的皇宫，也是奥匈帝国设在匈牙利的行宫，现在是布达佩斯最受欢迎的旅游景区。这座宫殿的造型古朴典雅，各种装饰精美无比。布达佩斯历史博物馆里展出着众多古老的文物，匈牙利国家艺廊里则收藏着10万多件各种艺术作品，其中包括古老的木雕、版画，还有文艺复兴时期的石雕。

✉Gyorgy ter 2 🚇乘地铁M2线在Moszkva Ter站出站

布达佩斯历史博物馆
布达佩斯悠久的历史精华

布达佩斯历史博物馆也被称做城堡山博物馆，这里通过各种实物和照片展示了布达佩斯这座城市2000年以来的历史精华，其中最珍贵的当数收藏于博物馆地下室的14世纪皇宫旧址遗迹，这也是整座布达皇宫最古老的部分，介绍了皇宫的历史变迁，极具历史价值。不过在这座博物馆里各种解说文字都是以匈牙利语为主，对于大多游客来说较为不便。

匈牙利国家艺廊
超过10万幅精美画作

匈牙利国家艺廊中收藏了超过10万幅精美画作，如果仔细欣赏至少要花掉一整天时间。因此人们大多以设置在二楼的19世纪绘画和雕刻为主要目标，特别是有一幅描绘土耳其战争的巨大绘画，画中情景壮烈精彩，是这里最受人瞩目的作品之一。此外，在这里还有各种中世纪和文艺复兴时期的石雕、哥特风格的木雕和版画等，也都能给人以艺术的享受。

2 圣三位一体广场
布达佩斯最著名的城市广场 ★★★★ 赏

Szentharomsag ter 乘地铁M2线在Moszkva Ter站出站

圣三位一体广场是布达佩斯最为古老的广场之一，它也是城堡山的中心广场。这座广场四周有许多典雅大方的建筑，能够让游客领略到布达佩斯的古老风情。广场的中心位置有一个高大的圣三位一体纪念柱，它是当地居民为了祈求解除黑死病的肆虐而建的，附近还有圣斯特凡国王的骑马雕像，它们都是合影留念的好背景。

3 马提亚斯教堂 90分!

造型典雅的新哥特式教堂 ★★★★★ 赏

✉Szentharomsag ter 2 🚍乘地铁M2线在 Moszkva Ter站出站 ☎01—3555657 ¥750福林

　　建于13世纪的马提亚斯教堂是匈牙利最重要的教堂，它不仅是历代匈牙利国王举行加冕仪式的地方，还是举行各种重大庆典活动的地方。这座教堂既有高大的哥特式尖塔，也有匈牙利风格的精美装饰。漫步在教堂里可以看到贴满马赛克的贝拉高塔、造型典雅的圣母圣婴像、历代国王加冕时所戴的王冠等。

4 城堡山地下洞窟

神秘的地下世界 ★★★★ 赏

　　城堡山地下洞窟原本是些互不相连的天然洞穴，经过千百年来的改造，已经成为一个令人惊叹的大型洞窟群。这些洞窟是由一条1200多米长的主干道连接起来，它

✉Szentharomsag ter 🚍乘地铁M2线在Moszkva Ter站出站 ☎01—2120207 ¥2000福林

们中既有古老的酒窖和地下室，又有现代所建的避难所和军事基地。漫步在洞窟里可以看到摆满美酒的酒窖，也能看到古老的地下浴池和肋拱建筑。

5 盖勒特丘陵

布达城内另一处制高点

★★★★ 赏

Gellért Hill

盖勒特丘陵是位于布达的一座海拔235米的小山，是以盖勒特大主教的名字命名的。这里是布达城内的另一个制高点，布达著名的城堡要塞就位于盖勒特丘陵山顶之上，如今早已失去了原有的军事设施的作用，作为一处优美的古迹供人们参观。从这里还能俯瞰解放纪念碑，这是纪念匈牙利解放独立的标志，是布达的地标之一。

❀ 盖勒特温泉旅馆

具有罗马风格的浴场

盖勒特温泉旅馆至今已经有100年的历史，可以从盖勒特饭店的右侧进入。旅馆的大厅显得极富尊贵气质，右侧的通道会引导客人前往古典华丽的浴池，透明天窗下透入的金色阳光，映照在古罗马式的雕琢浴池中，使人更觉得古典和享受。

6 皇家酒窖博物馆

展示匈牙利悠久的酒文化

★★★★ 赏

　　皇家酒窖博物馆正对着皇家剧院，这里原本是一处出土的民居遗址，而博物馆的主体正是这座民居的地下酒窖。这座酒窖博物馆详细介绍了匈牙利酒文化的发展历史，特别是按照地区分门别类展出了匈牙利各地的葡萄酒与气泡酒特产，让人对匈牙利浓郁的酒文化有进一步的认识。此外，在博物馆里还特别开辟一个空间打造成昔日小酒馆的样貌，里面还放着过去的酿酒工具，人们可以在这里坐下小酌一番，体验一下100多年前人们的感觉。

✉Szent Gyorgy Ter，Nyugati Stetany　🚇乘地铁M2线在Moszkva Ter站出站　📞01-2671100　¥900福林

7 渔夫堡 75分!

造型典雅的新哥特式建筑

★★★★★ 赏

　　渔夫堡是城堡山上最有特色的建筑之一，它原本是布达佩斯的渔夫们用于战斗的堡垒。现在的渔夫堡已经看不见战火的痕迹，古朴典雅的造型和各种精美装饰，将这里装点得精美绝伦。每到夜间，在灯光的照射下，渔夫堡宛如梦幻世界中才会出现的神奇宫殿，令人赞叹不已。漫步在渔夫堡上还能俯瞰多瑙河两岸的优美风光。

✉Szentharomsag ter　🚇乘地铁M2线在Moszkva Ter站出站　¥500福林

8 城堡要塞

从未使用过的城堡要塞

★★★★★ 赏

✉ Gellert Hill 🚃 乘电车27号在Citadella站下
📞 01-4665794

城堡要塞高高矗立在城堡山的南边，面对多瑙河。这是19世纪哈布斯堡王朝时期发生独立革命后兴建的防御性要塞，主要是为了确保当时的奥匈帝国在匈牙利的控制力。不过当这座要塞刚刚完工时，哈布斯堡王朝却轰然倒塌，这座城堡没有真正发挥过作用就荒废了。如今高达4米的城墙还是将城堡雄伟壮观的气势显露无遗，而城堡内部还有少数大炮和过去场景模型的展示。不过人们到这里并非为了了解这些，而是从这里可以看到优美的多瑙河与布达佩斯的景观，让人印象十分深刻。

9 玛格丽塔岛

欣赏多瑙河的美丽景色

★★★★ 赏

玛格丽塔岛位于多瑙河中央，在这里既不属于布达，也不属于佩斯，更显得它特立独行。在这座宛如花园一般的小岛上能看到温泉、游泳池、林荫道、喷泉等，是布达佩斯居民们忘记都市生活的喧嚣，和大自然亲密接触的好地方。不论是在这里徜徉散步，还是坐在多瑙河畔感受它的气息，或是前往岛上的温泉旅馆舒舒服服洗个澡，抑或是乘坐当地的巴士来个环岛游都让人感到回味无穷。此外，岛上13世纪的教堂、修道院遗迹，音乐喷水池，露天剧场等也都让人痴迷沉醉。

🚃 乘地铁M2线在Batthyanyter站出站

10 马利亚-玛丹娜塔

旧时教堂的遗迹 ★★★★ 赏

马利亚-玛丹娜塔原本是一座旧时圣方济会罗马教堂的附属建筑，这座教堂后来在奥斯曼土耳其占领期间被改造成了清真寺，到19世纪时重新又被改回成为天主教堂，弗朗茨一世国王还曾经在这座教堂里举行过加冕典礼。不过在二战时期，这座教堂被整体摧毁，只剩下了现在这座马利亚-玛丹娜塔，这是一座哥特式的六角形高塔，通身红墙绿顶，十分好看。在塔旁是原有教堂的残垣断壁，仅存的一座巨大落地窗矗立在瓦砾之间，给人一种沧桑感。

✉ Kapisztran ter 6　🚇 乘地铁M2线在Moszkva Ter站出站

11 伊丽莎白桥与自由桥

连接布达和佩斯的桥梁 ★★★★★ 赏

✉ Erzsébethíd, Magyarország

伊丽莎白桥是多瑙河上连接布达和佩斯的桥梁之一，它位于多瑙河上最窄的地方。这座桥是为了纪念被人暗杀的奥匈帝国皇后伊丽莎白而命名的，至今在桥位于布达一侧的小花园中还留有她的塑像。位于它旁边的则是自由桥，这座桥在建造时采用当时认为最美观的仿链型设计，当时的皇帝弗朗茨一世还特地亲自为桥梁上了最后一颗铆钉，很具历史意义。

⑫ 解放纪念碑

纪念匈牙利的独立 ★★★ 赏

📮Citadella 🚃乘电车27号在Citadella站下

　　解放纪念碑位于布达城堡要塞后，和多瑙河对岸的佩斯遥遥相对。这是匈牙利著名的雕刻家斯特罗贝尔为了纪念1946年苏联军队从布达佩斯撤军而使得匈牙利重获独立而设计的。纪念碑顶端是一座青铜女神像，像中女神双手高举一片棕榈叶，象征着正义与邪恶之间对抗的胜利。而女神像下方则是高大的底座，底座是四块方形部分组合而成，显得庄严而沉稳。如今这里是布达城内最重要的地标，经常能看到很多人在这里相约而聚，也是外来游客最主要的观赏景点之一。

⑬ 锁链桥

布达佩斯最著名的桥梁 ★★★★★ 赏

　　锁链桥堪称布达佩斯最著名的地标建筑之一，这座桥建于19世纪，是连通布达和佩斯的九座桥梁中最古老、最美的一座。桥身上色彩斑驳，桥头的狮子造型刚毅雄伟，还带有一丝历史的沧桑感。每当夜晚降临时，两侧桥身长长的灯串闪烁着黄金般璀璨夺目的光芒，远远望去仿佛一条悬挂在沉沉黑幕中的巨链，是许多游客神往的地方。

📮Széchenyi Lánchíd, Fő Street
🚃乘公交车2号在Széchenyi Istvántér站下
📞01-3017500

攻略匈牙利

HOW

匈牙利

匈牙利攻略
HUNGARY HOW

匈牙利·布达佩斯—佩斯

佩斯和布达隔多瑙河相对，相对于布达的古典和传统，佩斯则是一片现代气息，优雅的议会大厦以及热闹的中央市场都是游客们纷至沓来的热闹景点。

匈牙利·布达佩斯—佩斯 特别看点！

第1名！
议会大厦！

100分！

★ 布达佩斯的标志性建筑，气势雄伟的建筑！

第2名！
圣斯特凡大教堂！

90分！

★ 布达佩斯最知名的大教堂，巨大宏伟的圆顶！

第3名！
瓦采街！

75分！

★ 布达佩斯最好的购物街，繁华热闹的商业街！

---

1 议会大厦　（100分！）

布达佩斯的标志性建筑　★★★★★　赏

📧 Kossuth Lajos ter 1-3 ,Gate X　🚇 乘地铁M2线在 Kossuth Ter站出站　📞 01—4414000　💴 2640福林

　　议会大厦是布达佩斯气势最为雄伟的建筑，它综合了多种建筑风格，已经成为这个城市的象征。走近这座大厦可以看到华美的巴洛克式圆顶，也能看到高大的哥特式尖顶和色彩绚丽的玫瑰窗。议会大厦里面展出着许多价值连城的宝物和精美的艺术作品，其中以匈牙利的传国之宝圣斯特凡国王王冠最为珍贵。

2 国家美术馆

展示来自欧洲各地的大师名作

★★★★★ 赏

📧 Dozsa Gyorgy ut 41　🚇 乘地铁M1线在Hosok tere站出站　📞 01-4697100　💴 1600福林

国家美术馆面向英雄广场，虽然名为匈牙利国家美术馆，但是里面的收藏却是来自欧洲各地，这里有包括13—18世纪西班牙、意大利、德国、法国、英国等诸多知名画家的油画以及一部分19、20世纪的水彩画和雕塑等。其中最著名的藏品要数西班牙画家埃尔·格雷科所作的7幅画作以及戈雅等人的作品，而意大利画家拉斐尔、提香等大师的画作也是不容错过的。此外在美术馆地下室的埃及馆里还保存着4个成人与1个小孩的木乃伊，这也是馆内的珍贵藏品。

3 罗斯福广场

为纪念皇帝加冕而建的广场

★★★★★ 逛

位于佩斯锁链桥一段的罗斯福广场是为了纪念弗朗茨一世加冕成为奥匈帝国皇帝而建造的，这里收集了来自匈牙利各地的泥土，制作成一个土冢。后来美国总统罗斯福曾经拜访过这里，因此这座广场也就改名为罗斯福广场。在罗斯福广场内有大片的花坛，在鲜花簇拥中还有各种精美的雕塑，到处都洋溢着艺术氛围。人们可以从这里穿过锁链桥前往对面的布达，也可以远远地眺望位于城堡山上的布达皇宫的壮美身姿，还可以沿着河岸漫步到议会大厦，都是很让人心动的旅程。

🚇 乘地铁M1、M2、M3线在Deak F.ter站出站

4 佛罗修马提广场

乘地铁M3线在 Deak F.ter站下

布达佩斯最重要的广场之一

★★★★ 逛

佛罗修马提广场连接着布达佩斯最热闹的瓦采街，是八方游客必经的重要广场。在广场中央矗立着匈牙利著名诗人佛罗修马提的塑像，在塑像下经常会有街头艺人献艺。广场上设置有露天的咖啡座，人们可以边喝咖啡休闲，边欣赏街头艺人们的精彩表演。此外，在广场对面就是匈牙利最著名的百年咖啡厅Cafe Gerbeaud，这座咖啡厅里的装饰一直都保持着100多年前的传统样貌，水晶吊灯和天鹅绒的帘子显得非常高贵，让人心生浓郁的怀旧感。

5 圣斯特凡大教堂

90分！

布达佩斯最知名的大教堂

★★★★★ 赏

Szentlstvan ter 乘地铁M1线在 Bajcsy ut站出站 01—3382151

圣斯特凡大教堂是布达佩斯最为雄伟壮观的建筑物之一，它用了50多年才全部完工。这座大教堂有一个巨大圆形穹顶，全高为96米，穹顶的外侧还有一座精美的雕像。来到教堂内部可以看到各种华美的装饰，其中包括精美的大理石雕像、色彩斑斓的彩绘玻璃窗等。这里还有珍宝展馆和能够俯瞰布达佩斯城市风光的瞭望塔。

建于19世纪末的匈牙利国家歌剧院是一座新哥特式建筑，它的造型唯美典雅，被誉为世界上最美丽的歌剧院之一。来到歌剧院的内部可以看到莫扎特、李斯特、维瓦尔第等音乐家的雕塑，还能看到各种精美的装饰。国家歌剧院的观众席更是装饰得华丽无比，能让参观者有种置身于宫殿之中的感觉。

6 国家歌剧院

匈牙利国家级艺术表演中心

★★★★★ 娱

35 Vorosmarty ut 乘地铁M1线在Opera 站出站 01—3312550 2800福林

7 瓦采街 75分!

布达佩斯最好的购物街 ★★★★★ 逛

瓦采街是游览布达佩斯不可错过的地方，那里店铺林立，是古城最著名的商业街。漫步在街道上，除了能够欣赏两旁匈牙利风格的建筑外，还能选购各种精美的物品。这里不仅有欧洲著名的Zara、Mango等品牌的连锁店，还有出售匈牙利特产物品的小店，其中包括身着传统服饰的玩偶、精美的手工刺绣和充满粗犷色彩的披风。

✉Szentlstvan ter 🚇乘地铁M3线在Ferenciek tere站或Deak ter站出站

❁ 乔纳伊陶瓷店

最著名的陶瓷品牌之一

乔纳伊陶瓷是匈牙利最著名的陶瓷品牌之一，这种陶瓷的历史可以追溯到1852年，原本这种瓷器只是作为厨具或是装饰品使用，但是后来乔纳伊陶瓷越做越好，品质也越来越高，逐渐打响了名号。如今在瓦采街上就有乔纳伊陶瓷的专卖店，在这里可以看到各种制作精美的陶器，很受当地收藏家的欢迎，而那些高级的瓷器更是价格不菲，让人赞叹。

8 国家博物馆

收藏匈牙利的文物精品 ★★★★ 赏

匈牙利国家博物馆是匈牙利历史最悠久的一座博物馆，这里最早可以

✉Muzeum Korut 14-16 🚇乘地铁M3线在Kalvin ter站出站
☎01-3382122 ¥1100福林

追溯到1802年，当时馆内收藏着弗朗茨·赛切尼公爵所捐献的手本文件、奖章、地图和书籍等，直到40多年后这里才被开辟为国家博物馆。这座博物馆的建筑是新古典建筑风格的典范，内部还有不少精美的壁画，本身就是一处珍贵的文物。在馆内收藏着各种匈牙利历史宝物、瓷器、纺织品、家具、武器、钱币等，以及其他11到19世纪的匈牙利文物，这些文物都按照年代排列开来，让人一目了然。

9 李斯特纪念馆

纪念著名音乐大师的展馆　★★★★　赏

　　李斯特纪念馆是布达佩斯最著名的主题展馆之一，它原本是音乐大师李斯特在布达佩斯教学时所住的地方。来到这座展馆可以了解到大师非凡的一生

✉ 35 Vorosmarty ut　🚇乘地铁M1线在Vorosmarty utca站出站
📞01—3229804　¥800福林

和他在布达佩斯建立音乐学院的前前后后，里面还陈列着与李斯特相关的各种文物，其中包括他所使用过的钢琴、乐谱等，每到周日还有钢琴师在这里弹奏李斯特的名曲。

10 犹太教会堂

欧洲最大的犹太教堂　★★★★★　赏

✉ 1074 Budapest, Dohány utca 2　🚇乘地铁M2在Astoria站出站　📞01-3428949

　　犹太教会堂也称烟草街犹太教堂，它是欧洲最大的犹太教堂，是在19世纪中期由维也纳建筑师修建的。这座教堂由红和白砖块建成，内部还有五彩缤纷的陶瓷装饰，展现出标准的拜占庭—摩尔风格。在这座教堂里收藏了从古罗马时期一直到20世纪的犹太人文物，十分珍贵。此外这座教堂还有着极为出色的音响效果，经常也被用来举办音乐会。

11 英雄广场

布达佩斯最大的广场　★★★★★　逛

　　英雄广场是纪念匈牙利历史上诸多伟人的广场，也是布达佩斯的著名景点。这座广场上最引人注目的建筑是那座高达36米的纪念柱，其顶部是一座手持圣斯特凡国王王冠和十字架的大天使加百列的铜像，底部基座上则雕刻着阿尔帕德

✉ Hosok Tere　🚇乘地铁M1线在Hosok tere站下

王子的骑马像。广场四周的廊柱上还竖立着14尊匈牙利伟人的雕像。

12 民族博物馆
欧洲最大的民族博物馆之一 ★★★★★ 赏

Kossuth Lajos ter 12　乘地铁M2线在Kossuth ter站出站　01-4732400　1000福林

　　民族博物馆位于佩斯议会大厦一侧，原本是匈牙利最高法院的所在地，后来在1957年时改造成为博物馆。这里是欧洲最大的民族博物馆之一，主要以展现匈牙利和欧洲各地的民俗文化为主。在博物馆的楼檐上有一组雕刻作品，中间是女王高举象征着财富的月桂花环，右边代表艺术家和学者，左边则是各个匈牙利历史上的传奇人物。在馆内陈列了很多匈牙利先民马扎尔人的服饰、用具等，将他们的传统民俗都一一展示出来，让人们对匈牙利的历史又有了深入了解。

13 中央市场
体验传统集市的热闹氛围 ★★★★★ 逛

　　说起在布达佩斯购物，很多人都会直接推荐去瓦采街，但是瓦采街经常是人头攒动，非常拥挤，很不方便。每到这个时候不如前往中央市场，在购物的同时还能体验布达佩斯传统集市的热闹气氛。初到中央市场的人都会以为自己误进了一个火车站，因为这座建筑外观雄伟浑厚，内部熙熙攘攘的人群，几乎和欧洲各大城市的火车站没什么两样。但是只要在这里购物，就很容易和当地人打成一片，不管是各种新鲜食材还是民俗工艺品在这里都能买到，有时候热心的商家还会送给你一些小礼物，让人感觉十分温馨。

乘地铁在M3线在Kalvin ter站出站

14 市民公园
布达佩斯最大的公园 ★★★★ 玩

　　市民公园是布达佩斯最大的公园，与位居多瑙河上宁静优美的玛格丽塔岛不同的是，这里拥有动物园、游乐场、植物园、古城堡、农业博物馆、雅克教堂等建筑和设施，是适合各个年龄层的人游玩的综合型大公园。人们可以坐在公园湖边的长凳上悠闲地看书，或是在游乐场里和家人一起共享天伦之乐，也可以去维达杭亚城堡访古思今，不管是哪种活动都能让人意犹未尽。此外这里也是布达佩斯新人们拍摄婚纱照的最好地方，经常能看到年轻人在这里留下他们一生的美好回忆。

乘地铁M1线在Hosok tere站出站

大赏
匈牙利

匈牙利

攻略WOW

匈牙利攻略 HUNGARY HOW

匈牙利·圣安德烈

圣安德烈位于多瑙河在匈牙利北方形成的拐角处，自古以来一直都有着重要的战略地位。同时，这里也是著名的艺术家小镇，在镇上到处都能看到现代艺术的雕塑，让人眼界人开。

匈牙利·圣安德烈 特别看点！

第1名！

贝格勒教堂！

100分！

★ 地位尊崇的主教堂，参观宗教圣物！

第2名！

布拉格维修登卡教堂！

90分！

★ 最具代表性的塞尔维亚东正教教堂，气势雄伟的教堂！

第3名！

户外民宅博物馆！

75分！

★ 印象派大师的创作，欣赏精美的艺术品！

---

1 贝格勒教堂 （100分！）

地位尊崇的主教堂

★★★★★ 赏

贝格勒教堂是塞尔维亚东正教在匈牙利的主教教会，宗教地位极为尊崇。教堂被一片郁郁葱葱的庭院所包围，十分幽静。走进教堂，会发现这里其实规模并不大，不过内部却有着丰富的令人印象深刻的宗教壁画，其中就包括描述《圣经·新约》和东正教圣者的版画，这些版画具有极高的艺术价值，堪称教堂内的镇堂之宝。

✉ Alkotmany utca ☎ 026-312399 ¥ 400福林

塞尔维亚东正教教会历史博物馆

收藏塞尔维亚东正教各种圣物

塞尔维亚东正教教会历史博物馆位于贝格勒教堂一侧，这座2层楼的博物馆里收藏着塞尔维亚东正教的各种圣品宝物和主教圣物，其中一幅14世纪时期所创作的、绘制有十字架的玻璃画是博物馆内最古老的收藏品，兼具了艺术和历史价值。

2 Amos Imre–Anna Margit Muzeum

恩爱夫妇的艺术结晶　　★★★ 赏

Amos Imre–Anna Margit Muzeum是圣安德烈最值得拜访的美术馆之一，它位于市内另一家美术馆菲冷兹美术馆旁。Amos Imre和Anna Margit是一对夫妻，他们俩都是超现实主义画风的名家。丈夫Amos Imre于37岁时英年早逝，剩下妻子一个人继续绘画创作长达50年之久。在这座博物馆里就收藏着夫妻俩一生的艺术结晶，而在博物馆门口挂着一尊情侣互相牵手的雕塑，正是这对夫妇一生恩爱的真实写照。

✉Bogdanyi u.10-12
☎026-310790　¥400福林

3 菲冷兹美术馆

印象派大师的创作　　★★★★ 赏

在圣安德烈除了有很多教堂外，这里的美术馆也很多。其中最著名的当数收藏了匈牙利印象派大师卡罗伊·菲冷兹作品的这座美术馆。这座美术馆中收藏了菲冷兹一生中大部分优秀作品，让人印象深刻。不过除了菲冷兹本人外，他的几个孩子也都是出色的艺术家，不光擅长绘画，在雕刻和编织等其他方面也颇有造诣，因此在博物馆里除了画作外，还收藏了不少其他优秀艺术品。

✉Fo ter 6　☎026-310244
¥400福林

4 布拉格维修登卡教堂 90分!

最具代表性的塞尔维亚东正教教堂 ★★★★★ 赏

布拉格维修登卡教堂位于圣安德烈主广场一侧，是这座城市最著名而且最具代表性的塞尔维亚东正教教堂。它修建于18世纪，是为了取代1690年塞尔维亚人大迁移时所建的原有木质教堂。这座建筑具有华丽的巴洛克式和洛可可式风格，但是内部却相对狭窄，采用了希腊东正教教堂特有的风格。其主教坛建造精美，看上去气势雄伟，是教堂里最吸引人们眼球的地方。

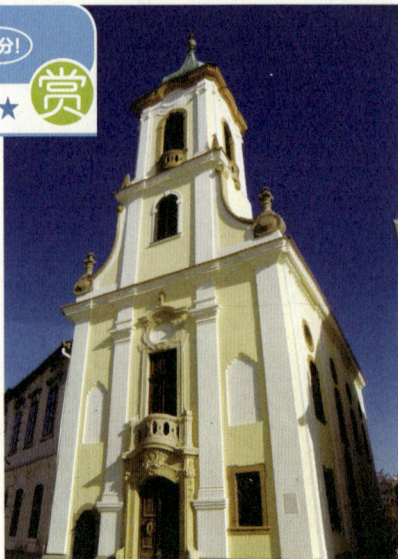

✉FO ter ☎026-310554 ¥200福林

5 杏仁糖模型博物馆

甜美的杏仁糖 ★★★★ 赏

匈牙利的糖果在全欧洲都是享有盛名的，不光是小朋友喜欢，连大人都爱不释手。位于圣安德烈的杏仁糖模型博物馆号称世界上唯一的一座。在博物馆一楼就是一间大厨房，透过玻璃窗游人们可以清楚地看到杏仁糖的制作过程。进入其他展厅，那琳琅满目的杏仁糖模型让人眼花缭乱，其中最引人注目的当数高达2米的迈克尔·杰克逊雕像糖，无论是谁都会被糖果师傅高超的手艺所震惊，而它们的味道也自然是难以抵挡的诱惑。

✉Dumtsa Jeno Utca 14
☎026-311931 ¥400福林

6 Handpets

精美的布偶 ★★★ 买

Handpets是一家出售圣安德烈特产布偶的知名商店。这里最初只是一家帮洋娃娃缝制衣服的小工坊，后来成功转型，成为匈牙利首屈一指的布偶制作商店。这里生产的布偶造型多样，工艺精湛，深受大人小孩的喜爱。这些布偶的造型有男有女、有动物、有恐龙，种类极多，每一个来到匈牙利的游客都会专程来到这里买一些作为纪念品。

✉Dumtsa Jeno Utca 15
☎026-373746

7 Gyory艺廊
知名画家的私人艺廊　　　　　　　　　　★★★ 赏

　　圣安德烈市可以说是一座艺术之城，大大小小的美术馆和艺廊遍布各地。这座Gyory艺廊是艺术家Eszter Gyory的私人艺廊，里面展出的是这位知名画家横跨两个世纪的作品。老人从1977年开始就四处举办画展，她特别喜欢从神话及《圣经》中汲取灵感，因此创作的作品都带有神秘的色彩。除了她的画作外，这里还有不少她的丈夫所做的戒指和饰品等，也都十分漂亮。

✉Dumtsa Jeno Utca 15
☎030-5239184

8 户外民宅博物馆 75分!
匈牙利最大的户外博物馆　　　　　　　★★★★★ 赏

　　户外民宅博物馆是人们一睹传统匈牙利民宅和生活的好去处。这里是匈牙利最大的户外博物馆，就好像一个民居部落一样，各种传统民居分门别类地按照建筑风格分布着。而且不光是外表考究，内部也布置上了木质家具和石墙等，更为难得的是在房舍的院子里还种满了各种蔬菜和其他植物，仿佛真的有人居住一般，让人感到浓郁的生活气息。

✉Sztaravodai ut ☎026-502500 ¥1400福林

大赏
匈牙利

匈牙利

攻略HOW

匈牙利攻略 HUNGARY HOW

匈牙利·佩奇

　　佩奇是一座历史悠久的城市，自从古罗马时代开始这里就是重要的城市，同时罗马人在这里留下了强烈的意大利风格，市内很多建筑都有着浓郁的意大利气息。

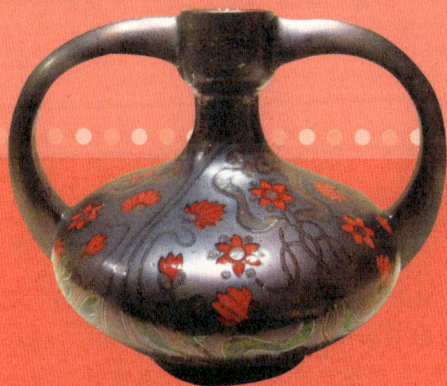

匈牙利·佩奇 特别看点!

第1名!
乔纳伊陶瓷博物馆!
100分!

★佩奇最著名的展馆,展示陶瓷艺术品的地方!

第2名!
佩奇圣彼得大教堂!
90分!

★是佩奇建造时间最长的教堂!

第3名!
旧加奇-卡西姆-帕夏清真寺!
75分!

★融合多种风格的宗教建筑,造型繁复的宗教场所!

---

1 # 现代匈牙利美术馆

匈牙利现代艺术的荟萃

★★★★★ 赏

　　现代匈牙利美术馆是观赏匈牙利自1850年以来的艺术精品的最好地方。虽然自从进入现代,匈牙利美术家没有能在国际上占有一席之地的,但还是培育出不少优秀画家。他们的作品大多都陈列在这座美术馆中,其中画家Simon Hollosy、Jozsef Rippl-Ronai和Odomarffy等人的画作都是这里非常优秀的藏品,匈牙利画家们过人的天分和创意可见一斑。

✉Kaptalan u.4　📞072-514040　¥460福林

❷ 古基督教墓园遗迹

罗马帝国时代的基督教墓地

★★★★ 赏

📧 Szent Istvan ter
📞 72—224755 💴 600福林

古基督教墓园遗迹是公元4世纪中期的产物，是少见的罗马帝国时代的基督教墓地区。这里的地面景观除了一座简陋的礼拜堂外还有众多地下墓园。坟墓里都有精美的壁画，它们都是取材自基督教的神话故事，其中一幅描绘亚当和夏娃的壁画被联合国教科文组织评为世界文化遗产。

✿ 彼得和保罗墓穴

基督教墓园里的核心景点

彼得和保罗墓穴虽然早在1782年就被发掘出来，但真正走入世人眼中的还是最近几十年。彼得和保罗墓穴共有两层，里面的墙壁上雕刻着精美的壁画，既有亚当和夏娃、彼得和保罗的人物像，也有诺亚方舟、圣母升天的故事场景。

❸ 佩奇圣彼得大教堂

90分!

历史悠久的教堂

★★★★★ 赏

佩奇圣彼得大教堂是古城佩奇建造时间最长的教堂，它自11世纪开始动工修建以来，曾多次改造修建，直到1881年才彻底竣工。这座教堂是新罗马式的建筑，外形典雅大方，里面装饰得金碧辉煌，四角处各有一座高达60米的哥特式尖塔。漫步在教堂里可以看到精美的中世纪石刻和匈牙利知名画家的作品。

📧 Szent Istvan ter 📞 72—224755 💴 700福林

4 旧加奇−卡西姆−帕夏清真寺 75分!

融合多种风格的宗教建筑 ★★★★★ 赏

　　旧加奇−卡西姆−帕夏清真寺是16世纪由信奉伊斯兰教的土耳其人修建的，等到匈牙利的军队收复佩奇后，当地的天主教会就将它改建为天主教教堂。这是一座融合两大宗教建筑风格的宗教建筑，它既有共通的圆形穹顶，也有清真寺里常见的塑造为几何图形的泥雕，还有华美的基督教雕像。

✉ Szechenyi ter
☎ 072−321976

5 **乔纳伊陶瓷博物馆** (100分!)

展示陶瓷艺术品的地方

★★★★★ 赏

乔纳伊陶瓷博物馆是佩奇最著名的展馆，它是展示陶瓷艺术品的地方，能够让人们了解到乔纳伊陶瓷的不凡之处。乔纳伊陶瓷的独特之处在于，它强调视觉效果，将鲜艳的色彩附着于陶瓷之上。来到这里的游客们除了能够看到乔纳伊所制作的瓷画、瓷灯、瓷炉等物品外，还能了解到这位非凡人物的家族历史和他的生平事迹。

✉Kaptalan 2 ☎72—324822 ¥600福林

匈牙利

攻略 NOW

匈牙利攻略 HUNGARY HOW

匈牙利·埃格尔河流域

　　埃格尔河流域位于匈牙利北部的山地河谷之间，这里是欧洲最著名的葡萄酒产地之一，此外这里也有着伊斯兰尖塔、雄伟的城堡和美丽的巴洛克建筑，是游客们最喜爱的目的地之一。

匈牙利·埃格尔河流域 特别看点！

第1名！
埃格尔城堡！

100分！

★ 匈牙利历史最悠久的城堡之一，一览埃格河的美景！

第2名！
埃格尔大教堂！

90分！

★ 匈牙利第二大的教堂，古朴典雅的教堂！

第3名！
德波-斯特凡广场！

75分！

★ 埃格尔的中心，中欧地区最华美的教堂！

---

1 埃格尔城堡 （100分！）

匈牙利历史最悠久的城堡之一

★★★★★ 赏

✉ Alkotmany utca Var 1
☎ 036-312744　¥ 1000福林

　　埃格尔城堡是匈牙利历史最悠久的城堡之一，它最初是为了防御蒙古人的进攻而建的，后来先后被奥斯曼土耳其、奥地利、哈布斯堡王朝等统治。至今这里依然保持着古老的样貌，那浓郁的历史气息让人难以忘怀。人们可以沿着鹅卵石铺就的道路登上城堡，从这里可以欣赏到埃格尔城的美丽风景。而城堡内哥特式的斯特凡教堂遗址也是人们怀古咏今的好去处。

2 埃格尔大教堂 （90分!）

匈牙利第二大的教堂

★★★★★ 赏

埃格尔大教堂的历史悠久，它始建于14世纪，并在19世纪时进行过大规模的改建。这座教堂的造型古朴典雅，外侧有六根高大的罗马式廊柱，屋顶上还有精美的人物雕像。走进教堂内部

📧 Pyrker ter ☎ 36—312450

可以看到古朴典雅的装饰，感受到宁静祥和的气息。教堂的祭坛处还有精美的壁画，它的旁边则是高大的管风琴。

3 伊斯兰尖塔

埃格尔城内最显眼的建筑

★★★ 赏

伊斯兰尖塔是埃格尔城内最显眼的建筑，这是奥斯曼土耳其统治该地时所遗留下来的，原本在尖塔旁还有一座清真寺，不过后来清真寺被破坏，只有尖塔孤零零地矗立在那里。尖塔塔身细而长，远看就好像一根针一样，人们可以通过塔内的阶梯上到塔顶，从这里可以将埃格尔城区景色尽收眼底，是登高望远的胜地。

📧 Knezich utca ☎ 030-6848421 ¥ 140福林

4 德波－斯特凡广场 （75分!）

埃格尔城的中心

★★★★★ 逛

德波－斯特凡广场位于埃格尔城的中心，附近几乎所有的知名景点都围绕在它四周。在广场一边矗立着圣方济各大教堂，这座教堂拥有两座巴洛克式风格的高塔，堪称中欧地区最豪华的教堂之一。而在广场中央还竖立着一座战士雕像，这是为了纪念1552年匈牙利击败奥斯曼土耳其的军队而竖立的。现在在这里能看到很多人徜徉于广场四周，是人们放松休闲的好地方。

📧 Dobo Isvan ter 🚌 埃格尔火车站出站步行可到

大赏
匈牙利

匈牙利

攻略王*now

匈牙利攻略 HUNGARY HOW

匈牙利·其他

匈牙利·其他 特别看点！

第1名！
格德勒宫！

100分！

★ 茜茜公主的行宫，华美异常的宫殿！

第2名！
爱斯特贡大教堂！

90分！

★ 匈牙利第一大教堂，欣赏巨幅的圣母升天图！

第3名！
沙拉蒙碉堡！

75分！

★ 历史悠久的城堡，欣赏多瑙河流域最优美的风光！

---

1 格德勒宫 （100分！）

茜茜公主的行宫 ★★★★★ 赏

📧 布达佩斯东郊　🚃 乘火车在 Gödöllő镇下

　　格德勒宫是匈牙利人敬献给茜茜公主的宫殿，以此来表达他们对这位传奇女性的崇敬之情。格德勒宫是中欧地区最大的巴洛克式宫殿，宫殿建筑华丽异常，各种精美装饰令人赞叹不已。这里还有广阔的绿荫区，这里是茜茜公主骑马打猎、自由奔驰的地方。宫殿里展出的物品很多，但是只有一小部分是当年茜茜公主用过的。

2 爱斯特贡大教堂 90分!

匈牙利第一大教堂 ★★★★★ 赏

爱斯特贡是匈牙利的故都，在这里最引人注目的建筑当数城内的大教堂，这是匈牙利第一大教堂。该教堂始建于1822年，全部完工用了将近五十年时间。教堂坐西朝东，雄踞于城堡山中央，背靠多瑙河，前临圣斯特凡广场，正门前是十三级台阶，台阶前立有圣母玛利亚像。在大教堂内有几位著名大主教的画像和塑像，圣坛上悬挂的巨幅《圣母升天图》是米开朗琪罗的名画，据说整幅画是画在世界上最大的一块画布之上，十分具有震撼力。

✉Esztergom 🚍布达佩斯乘火车可到 ☎33-417052（游客服务中心）

3 森田德勒

艺术家之乡 ★★★★ 逛

森田德勒是匈牙利著名的艺术家之乡，它位于多瑙河支流入口，感觉和布达佩斯等大城市完全不同。这里到处都是小桥流水人家，建筑都很具有典雅风格，色彩相当明快，显露出浪漫的气质，一看就是艺术家辈出的地方。在这里经常可以看到艺术家们创造出的前卫风格的雕塑立于街旁，让人不由得停下脚步来慢慢欣赏这些艺术品。

✉Szentendre 🚍布达佩斯乘火车可到 ☎26-317965（游客服务中心）

4 霍罗克教堂

圣母显圣之地 ★★★ 赏

✉Fo ter ☎026-310554 ¥200福林

霍罗克教堂位于霍罗克村的正中心，是一座精巧的木质教堂。不论你身处村子的哪一个角落，一抬头总能看到教堂黑漆漆的木质尖塔。据史料记载，这座教堂建成于14世纪，后来在土耳其入侵中被毁坏，如今的建筑都是此后重建的。虽然霍罗克教堂看上去十分简陋，但是在匈牙利人心中的地位却很高，传说圣母曾经显圣于此，因此备受信徒们的尊崇。

5 沙拉蒙碉堡 75分!

历史悠久的城堡 ★★★★★ 赏

沙拉蒙碉堡位于维舍格勒的山丘之上，它是扼守多瑙河沿岸的坚固堡垒。这座堡垒有着高大的六角形石塔，游客们在那里可以俯瞰小城的优美风光，还能将多瑙河流域中最优美的弯曲部的全貌尽收眼底。现在的沙拉蒙碉堡被改辟为马提亚斯博物馆，里面收藏着许多珍贵的皇室用品。

✉ Salamon-torony ☎ 26—398026

🌸 马提亚斯博物馆

皇宫中的珍贵物品

马提亚斯博物馆原本是沙拉蒙碉堡的高塔所在地，这里存放着从皇宫遗迹中挖掘出来的各种珍贵物品，其中一尊文艺复兴风格的红色圣母大理石雕像最为有名，另外这里还展示着维舍格勒的历史史迹，是人们了解这座古城最好的去处。

6 皇宫遗迹

匈牙利王国的皇宫所在地 ★★★ 赏

维舍格勒曾经是匈牙利王国的皇宫所在地，当时国王贝拉四世在这里大兴土木，并将首都从布达迁到这里。此后200年间这里进入了发展的黄金时代。位于维舍格勒的皇宫遗迹就是这座城市发展的见证，皇宫建筑是精美的文艺复兴风格，旁边花园、喷泉等一应俱全，上面的雕塑也都十分考究。如今这座皇宫历经战争的洗礼早已成为一片废墟，人们依稀还能从残垣断壁之间看出当年的辉煌。

✉ Fo u.23 ☎ 026-398026

7 娃娃博物馆

看各种漂亮的陶瓷娃娃 ★★★★ 赏

娃娃博物馆是霍罗克村中一座颇有特色的博物馆，它的规模并不大，如果不留心很容易错过。在这里收藏了约200个用陶瓷做的娃娃，每个娃娃都身着帕罗茨地区的传统服饰，包括传统的结婚礼服以及在各种庆典中使用的一般居民的传统服装等。据说这些衣服都是当地人手工一针一线缝制出来的，因此看上去特别精致，让人不禁赞叹当地人的心灵手巧。

✉ Kossuth Lajos utca 96 ☎ 032-379088 ¥ 150福林

8 维舍格勒要塞遗迹

700年历史的古老要塞 ★★★★ 赏

✉ Varhegy ☎ 026-598080
¥ 550福林

维舍格勒要塞遗迹矗立在海拔350米的丘陵之上,它建于13世纪,是当时匈牙利国王贝拉四世所兴建的。如今这座城堡只留下了厚实的墙壁和高耸的塔楼,里面的历史博物馆展示了匈牙利人传统的狩猎生活方式。人们可以从丘陵旁的森林步道爬上要塞遗迹,这里古朴幽静的氛围和不远处多瑙河滚滚流过的场景一定能让每个人心驰神往。

9 霍罗克城堡

防御蒙古人入侵的设施 ★★★★ 赏

霍罗克城堡位于霍罗克村北边,这座城堡原本是匈牙利国王防御蒙古人进攻的措施的一环,虽然城堡并不大,却关系着附近很多人的安危。不过随着时间的流逝,这座城堡的战略地位也一落千丈,慢慢地就被人们遗忘了。如今,这座城堡大体建筑都被重建了起来,除了具有历史意义的城墙石壁外,还有几间专门展示城堡历史的博物馆,将城堡的历史一一展现在人们眼前。

✉ Holloko Var
☎ 032-379255 ¥ 400福林

10 班尼帝克汀修道院

千年历史的古老修道院 ★★★★★ 赏

班尼帝克汀修道院是一座至今约有1000年历史的古老修道院,不过如今保存下来的只有地窖部分,地上的部分都是在18世纪重新修建的。如今的这座修道院是一座巴洛克风格的建筑,虽然规模不大,但是十分庄严肃穆。在修道院内还有匈牙利国王安杜一世的陵墓。此外由于这里的音响效果很好,每年夏天都会在这里举办风琴演奏会。

✉ 9400 Sopron, Templom utca 1 ☎ 99-523766

奥捷匈攻略

地利 克 牙利

《全球攻略》编写组

执行主编：兰 亭 苏 林

编写组成员：

陈 永	陈 屿	崇 福	褚一民
付国丰	付 佳	付 捷	管 航
贵 珍	郭新光	郭 政	韩 成
韩栋栋	江业华	金 晔	孔 莉
李春宏	李红东	李 濛	李志勇
廖一静	林婷婷	林雪静	刘博文
刘 成	刘 冬	刘桂芳	刘 华
刘 军	刘小凤	刘晓馨	刘 艳
刘 洋	刘照英	吕 示	苗雪鹏
闵睿桢	潘 瑞	彭雨雁	戚雨婷
若 水	石雪冉	宋 清	宋 鑫
苏 林	谭临庄	佟 玲	王恒丽
王 诺	王 武	王晓平	王 勇
王宇坤	王 玥	王铮铮	魏 强
吴昌晖	吴昌宇	武 宁	肖克冉
谢 辉	谢 群	谢 蓉	谢震泽
谢仲文	徐 聪	许 睿	杨 武
姚婷婷	于小慧	喻 鹏	翟丽梅
张爱琼	张春辉	张丽媛	赵海菊
赵 婧	朱芳莉	朱国樑	朱俊杰

奥捷匈
闪回

LOOK奥捷匈!

布达皇宫
匈牙利皇室的宫殿

萨尔茨堡城堡
欧洲中部最大的城堡

霍夫堡宫
奥匈帝国的皇宫

美泉宫
哈布斯堡王室的官邸

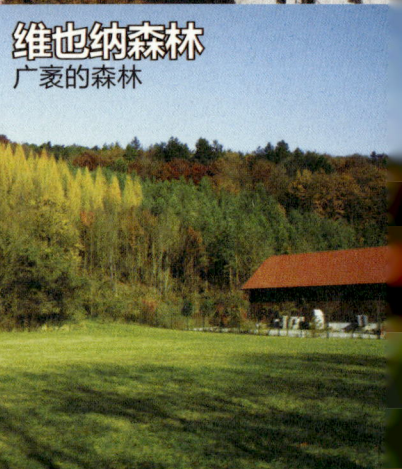

维也纳森林
广袤的森林

布拉格旧城广场
布拉格最热闹繁华的广场

查理大桥
捷克最著名的古老大桥

多瑙河
蓝色的多瑙河

end

责任编辑：王　颖
装帧设计：城市地标
责任印制：闫立中

图书在版编目（ＣＩＰ）数据

奥捷匈攻略 / 《全球攻略》编写组编著. —— 北京：
中国旅游出版社，2012.6
　　ISBN 978—7—5032—4441—4

　　　Ⅰ．①奥… Ⅱ．①全… Ⅲ．①旅游指南－奥地利②旅
游指南－捷克③旅游指南－匈牙利 Ⅳ．①
K952.19②K952.49③K951.59
　　中国版本图书馆CIP数据核字(2012)第103331号

书　　名：奥地利捷克匈牙利攻略

编　　著：《全球攻略》编写组
出版发行：中国旅游出版社
　　　　　　（北京建国门内大街甲9号 邮编：100005）
　　　　　　http://www.cttp.net.cn　E-mail:cttp@cnta.gov.cn
　　　　　　营销中心电话:010—85166503
经　　销：全国各地新华书店
印　　刷：北京翔利印刷有限公司
版　　次：2012年6月第1版　2012年6月第1次印刷
开　　本：787毫米×1092毫米　1/16
印　　张：14
印　　数：1—8000册
字　　数：250千
定　　价：39.8元

ISBN 978—7—5032—4441—4